POSVÁTNÁ GEOMETRIE
A
MAGICKÉ SYMBOLY

POSVÁTNÁ GEOMETRIE
A
MAGICKÉ SYMBOLY

IVA KENAZ

PODĚKOVÁNÍ

Především bych ráda poděkovala své mamince Ivaně Axmanové a kamarádovi Erikovi, kteří tuto knihu doplnili svými ilustracemi. Také moc děkuji manželovi Gunnarovi za pomoc s přebalem. Z celého srdce si vážím toho, že mě podporujete na mé cestě.

OBSAH KNIHY

ÚVOD

CO JE TO POSVÁTNÁ GEOMETRIE A JAK SE VZTAHUJE K MAGICKÝM SYMBOLŮM

Když mě před deseti lety začala fascinovat Posvátná geometrie a její spojitost s přírodou a vesmírem, jedna z mých kritických kamarádek se mě zeptala: „Ale jak se to vztahuje k praktickému životu?" Tato kniha je odpovědí na její otázku. Jako všechno v tomto světě i symboly mají svůj počátek v geometrických tvarech jimž byl vdechnut život dávno před naší existencí.

Posvátná geometrie je pradávné učení, které sleduje vztahy mezi geometrickými vzorci této planety a celého vesmíru. Je tak stará jako život sám, a její výzkum je možné sledovat tak daleko kam jen sahá naše historie. Nejranější civilizace starověku aplikovaly geometrické vzorce ve svých filozofiích, náboženstvích, a následně i v architektuře a umění.

Geometrie šla vždy ruku v ruce s magickými symboly, které byly používány pro ochranu, léčení, manifestaci a duchovní růst. Kompletní potenciál těchto symbolů byl sice znám jen zasvěcencům, ale jeho části je možné rozluštit, pokud studujeme historii symbolů a napojíme se na jejich moudrost. Nejjasnější spojitost mezi geometrií a mystickým učením pochází z antického Řecka. Škola Pythagorejců se soustředila na učení Posvátné geometrie a sám Pythagoras ji studoval v Egyptě. Pythagoras byl velkolepým vědcem, astronomem a matematikem, ale zabýval se také mystikou a magií čísel. Některé antické zdroje píší, že si dokonce pamatoval své předešlé inkarnace a v jedné z nich byl prý synem boha Herma. Pythagoras byl také objevitelem takzvané Harmonie sfér, teorie o tom, že vesmírná tělesa se pohybují dle matematických zákonitostí a vytváří symfonie, které jsou příliš jemnohmotné pro lidské vnímání. Podobně jako Pythagoras i slavný filozof Platon ctil geometrii a nad vstupem do své akademie měl vepsánu větu: "Neznalý geometrie nevstupuj."

Někteří by mohli namítnout, že symboly jsou jen dekorační znaky, které nemají žádný hlubší význam. Pro mnohé toto tvrzení může být pravdou, pro jiné však mohou symboly otevřít dveře k univerzálnímu jazyku, jenž promlouvá přímo k našemu podvědomí. Jako abeceda i symboly totiž mohou být užitečné jen těm, kteří je umí číst.

Síla symbolů spočívá v tom, že všechno kolem nás bylo vytvořeno na základě jejich počátečních geometrických tvarů. Každý mág si je samozřejmě nabíjí svým vlastním záměrem, ale jejich vrozené významy zůstávají jednotné. Když s nimi pravidelně pracujeme, postupně si uvědomujeme, že jejich rozmanité egregory jsou tak koncentrované, že jen pomyšlení na ně přivolá jejich magickou sílu.

Magické symboly mohou doplnit modlitby, rituály a jiné druhy komunikace s naším nitrem a našimi duchovními průvodci. Nebo se zkrátka mohou stát zjednodušenými obrazy těchto praktik. Jejich energie je velmi rychle manifestována. Například místo rituálu ochrany před negativními silami si stačí představit symbol, který s vámi v danou chvíli rezonuje a rázem jste pod jeho ochranou. Barvy jsou také důležitou součástí magie symbolů. Pokud znáte barvu aury svých duchovních průvodců, je nejefektivnější představit si symboly právě v těchto barvách.

V této knize se soustředím na mocný vztah mezi Posvátnou geometrií a magickými symboly. Předkládám informace ze starodávné i moderní magie, ale čerpám i ze svých vlastních životních zkušeností. Doufám, že vám toto čtení nabídne jednoduchou a praktickou příručku k vašemu vlastnímu magickému dobrodružství.

KRUH

CO REPREZENTUJE

V Posvátné geometrii je kruh základním tvarem, z něhož pochází všechny ostatní obrazce a tělesa, a proto především reprezentuje celistvost a jednotu stvoření. Cirkulární obrazce můžeme pozorovat v mikroskopickém i makroskopickém světě, ať už sledujeme tvary a pohyb atomů, molekul či buněk, dále spirálovitý růst rostlin nebo otáčivý pohyb slunce, planet, měsíců a hvězd.

Centrální bod kruhu by mohl být přirovnán k zárodku stvoření. Z tohoto centrálního bodu vzešel kruh a jiné geometrické tvary, stejně jako v přírodě obsahuje semínko veškeré genetické informace k vytvoření různých životních forem. Tento centrální bod je také součástí mysteriózní fraktály života a je tedy něčím, co přesahuje hranici našeho lidského chápání.

Otáčivost kruhu je nejplynulejším a nejharmoničtějším pohybem, proto byl kruh spojován s vývojem a evolucí. V Posvátné geometrii jsou zaoblené tvary spojovány s ženským principem a rovné linky s mužským. To se odráží i ve fyzických tělech, kdy ženské tělo je přirozeně zaoblenější než to mužské.

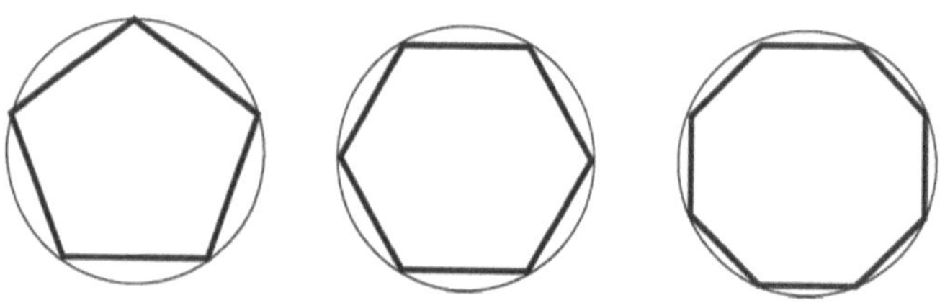

Pentagon, hexagon a oktagon v kružnici.

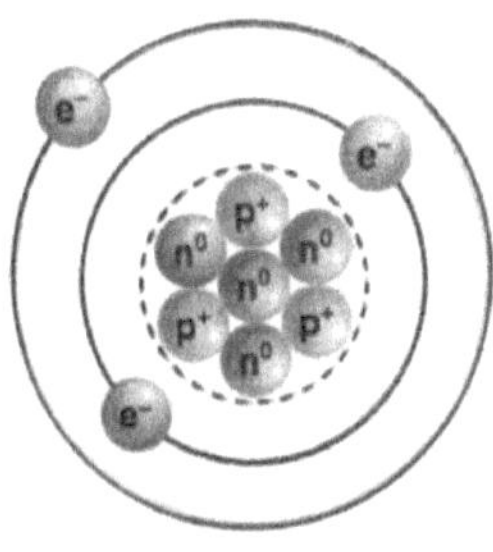

Subatomární částice

V magii kruh ztělesňuje jednotu vědomí světa, kreativitu i manifestaci. Proto byl v různých mytologiích spojován se symbolikou studnic. Pro Kelty byly studny ztělesněním vědění, moudrosti a vstupů do jiných světů. Uctívání posvátných studnic poté přejalo rané Křesťanství a je udržováno dodnes. V severské mytologii se nacházely tři studny a tři hlavní kořeny Stromu života. U jedné sídlily tři obryně Norny, druhá patřila do světa mlhy a třetí byla ta, pro niž Odin legendárně obětoval své oko, aby získal její moudrost.

Jelikož je kruh nejharmoničtějším ze všech tvarů, symbolizuje také regenerační a léčivé účinky přírody. Zároveň je to jeden ze základních ochranných symbolů. Díky své všeobjímající kvalitě byl používán k obkroužení ostatních symbolů, jako jsou například kříže, trojúhelníky nebo různé hvězdy.

JAK A KDY S KRUHEM PRACOVAT

Pokud kolem sebe neustále vidíme kruhové symboly, jsme většinou vedeni k lepšímu pochopení či uchopení našeho životního poslání. Možná si máme uvědomit něco co se vztahuje k tomuto tématu, nebo se nám dostane nečekaná podpora na naší unikátní cestě životem.

Kruh nás také směřuje k práci s vitální energií této planety. Radí nám, abychom se nebránili náhlým změnám či odbočkám v rámci životních cyklů, ale raději šli s jejich proudem.

Tento symbol je také jasným signálem, že je třeba se uchránit negativním myšlenkovým vzorcům či situacím. Nabádá nás to k nastolení vnitřní a posléze vnější harmonie.

Jedním z nejlepších způsobů, jak se můžeme napojit na energii kruhu jsou poklidná cvičení založená na krouživých pohybech, jako je čchi-kung, taj či, břišní tanec, nebo plavání. Takové cviky jsou nejen léčebné a revitalizující, ale také nám pomáhají lépe pochopit harmonii života kolem nás i v nás samotných.

Kruh má sílu nás uzavřít ve svém energetickém poli a odblokovat všechny nežádoucí vnější vlivy. Mágové kolem sebe vytvářeli ochranné kruhy pomocí imaginace, kreslení, či jejich napodobení pomocí magických objektů: například kamenů, krystalů, větviček, či svíček. Základem pro používání všech symbolů je však záměr, a proto pomáhá doplnit práci s kruhem zaříkávadly či ochrannými modlitbami.

Mágové většinou své obřady vykonávají pod záštitou kruhu. Je však třeba chápat, že ochranná moc kruhu může odblokovat i nápomocné energie. Proto musí mág předem určit koho či co od sebe chce odehnat, nebo naopak přizvat, aby mohli jeho duchovní průvodci poskytnout svou pomoc a vedení.

Kruh nám také může pomoci k léčení ducha a duše, jelikož rozpohybuje vše stagnující. Pomáhá nám navést pozornost k nitru problému a vyléčit ho v harmonickém celku.

ODVOZENÉ SYMBOLY

SPIRÁLA

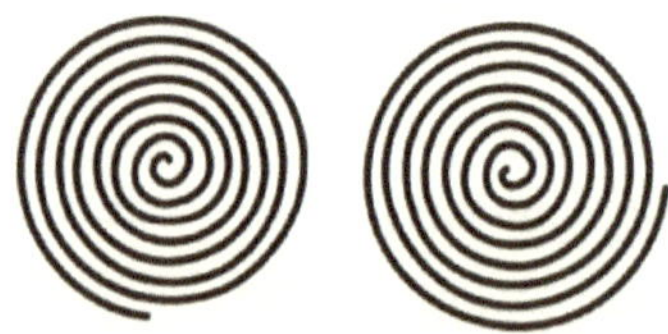

Spirálovité symboly se zobrazovaly všude po světě již od Neolitických dob. Tvar spirály zvýrazňuje točivý pohyb kruhu. Znázorňuje progres, růst a změny. Pravotočivá spirála je spojována s vědomými procesy, aktivní energií a vnější prací, zatímco levotočivá s podvědomými procesy, pasivní energií a vnitřní prací.

Někteří mágové považují levotočivou spirálu za negativní, ale to nejspíš jen díky patriarchální manipulaci v dnešní společnosti, jelikož levá strana bývá spojována s ženskými archetypálními silami a pravá strana s mužskými. Levá strana také reprezentuje minulost a pravá strana budoucnost. Příroda vytváří mnoho nádherných, levotočivých spirál a tyto zajisté nejsou prvoplánově negativní.

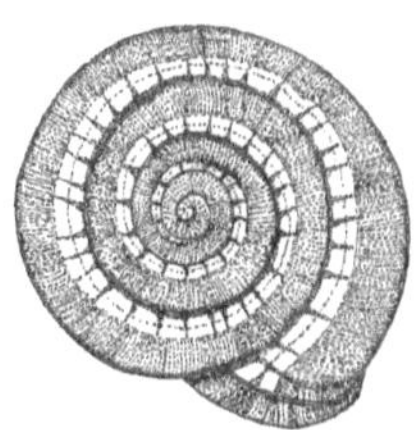

Kruh a spirála hrají společnou roli v geometrických vzorcích přírody a při evoluci. Kruh by mohl být považován za onen vzorec a spirála za evoluci. Tato filozofie se opakuje také v komplikovanějších tvarech. Asymetrické symboly obsahují kvalitu neustálých změn a symetrické zase ony základní vzorce stvoření.

Nekonečné pohyby spirály jsou v Posvátné geometrii spojované s tak zvaným Zlatým řezem. Tento božský poměr je všude kolem nás a je klíčem k tajemství, díky kterému příroda manifestuje (více v kapitole Pentagon a pentagram.)

HAD

Had byl od pradávna spojován s kruhem a od kruhu odvozenými symboly, a proto byl často zobrazován obtočen kolem kruhu či vejce.

Pro mnoho starověkých kultur had symbolizoval sílu země, její vitalitu a hojivé účinky. Bylo tak tomu zvláště kvůli revitalizační schopnosti hadů a jejich propojení s elementem země. Had byl ale také symbolem kosmu a jeho cyklů a dalo by se tedy říci, že symbolika hada propojuje zemi s vesmírem.

Asi nejznámějším zobrazením, kde je kruh propojen s hadem je Ouroboros. Tento had někdy i drak požírající svůj ocas byl často stočen do ležaté osmičky, jež reprezentuje nekonečno. Tento symbol se stal velmi důležitým pro alchymisty i gnostiky, má však mnohem starší kořeny. Jako kruh samotný i tento symbol reprezentoval sjednocení, ale také nekonečné cykly života, smrti a znovuzrození.

Ouroboros

Znatelná spojitost je také mezi hadem, kruhem a Stromem života. Například v Severském Stromu života zvaném Yggdrasil je svět lidstva obkroužen mořským hadem. Podobně je tomu v řecké mytologii, kde se tento had jmenuje Ládon.

Ládon střeží zlatá jablka ve větvích posvátného stromu. Tento strom se nacházel v zahradě Hesperidek, která stála na okraji ohromné mořské řeky, jež kroužila kolem celého světa. Tento mýtický příběh připomíná ten biblický, kde had střeží Strom poznání v Rajské zahradě. Symbol hada, kruhu a stromu také obsahuje symbol Caduceus, jenž se skládá z kruhu a dvou hadů obtočených kolem hole, ale o tom se dozvíme více až v kapitole Strom života. Každopádně si hada země a vesmíru není radno plést s jeho negativní formou, která je spojována se záludnými, démonickými silami. Tento druh hada byl zobrazován spíše v podobě červa a vyzařuje nepříjemnou energii.

Caduceus

Minojská bohyně se dvěma hady.

Bohyně s hady (inspirováno reliéfem ze Švédska, 5.století).

Yggdrasil, kresba Ivany Axmanové.

JIN A JANG

Tento často používaný čínský symbol znázorňuje duální princip kruhu – ony vrozené protiklady, které se množí do více komplikovaných tvarů.

Je to symbol rovnováhy mezi silami světla a tmy, pravou a levou mozkovou hemisférou, aktivní a pasivní energií či v alchymické terminologii tak zvaný magnum opus čili velké dílo. Pokud se mezi těmito energiemi nastolí rovnováha, stávají se z nás harmonické, kompletní osobnosti, které žijí v rovnováze se svým životním a duchovním posláním. Na druhé straně, pokud tyto energie zůstanou v opozici, pohybujeme se jakoby z rohu do rohu a nejsme schopni nalézt přirozený tok našeho života. Hlavní filosofií symbolu jin a jang je idea, že světlo i temnota jsou důležitými částmi celku, což je znázorněno v zárodku temnoty ve světlém jangu a zárodku světla v temném jinu.

Jin a jang v sobě též ukrývá symboliku ležaté osmičky, což se opět vztahuje k symbolice hada.

MĚSÍC

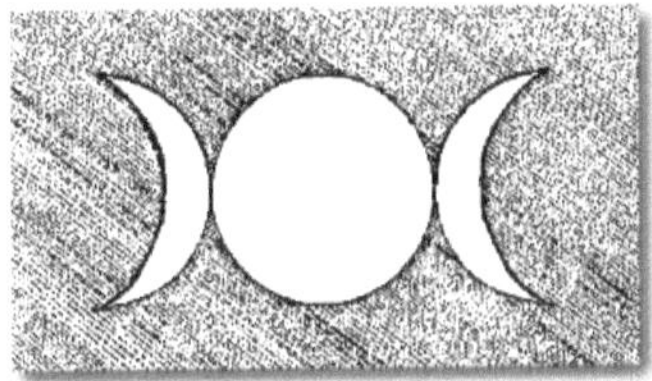

Symbolika kruhu bývá také spojována s Měsícem a jeho cykly. Často je zobrazován ve trojici – jako přibývající, ubývající a úplněk. Je tomu tak především u keltského symbolu Trojité bohyně.

V mnoha kulturách byl Měsíc asociován s energií bohyně a ženského archetypu, zatímco slunce s energií boha a mužského archetypu. To bylo asi následkem patriarchálního systému, jelikož Slunce bylo vnímáno jako nejmocnější a Měsíc pouze odrážel jeho slávu. Zajímavou výjimkou je severská mytologie, kde Máni je bůh Měsíce a Sól či Sunna bohyně Slunce.

Symbol měsíce zastupuje intuici, sny, vize a propojení osobního a globálního podvědomí.

Pokud otočíme srpek měsíce do horizontální roviny, získáme tvar kalichu nebo grálu, jenž má podobný význam jako symbol měsíce. Reprezentuje především otevřenost našich myslí k přijímání božského vedení. Symbolicky bychom mohli přirovnat lidskou a božskou mysl k Měsíci a Slunci, jelikož stejně jako Měsíc odráží svit Slunce tak i naše mysl odráží božskou moudrost.

V některých kulturách byl horizontální srpek Měsíce kreslen na čelo jako symbol moudrosti, v jiných byl zobrazován pod chodidly. V mnoha legendách hrdina symbolicky naplňuje svůj kalich posvátnými vědomostmi předků a duchovních průvodců. Srpek měsíce i kalich vlastně znázorňují kolébku kruhu a tím tedy i zvídavou duši, jež je připravena vstřebávat vedení a moudrost vyšších sil.

SLUNCE

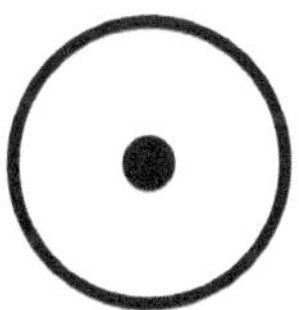

Tím, že tento symbol zvýrazňuje centrum kruhu, jako kdyby nás nabádal k nahlédnutí do našeho nitra, do středu naší vlastní solární soustavy. Kombinace kruhu a centrálního bodu zde symbolizuje univerzální sílu a její propojení s vnitřním božstvím jinak řečeno středem. Pro mnoho astrologů, alchymistů a mágů je slunce zobrazením života, vitality, a hlavním indikátorem osobnosti. Probouzí v nás moc a sílu, ale také nás varuje před jejich zneužitím.

Sluneční symboly (inspirovány pradávným uměním).

MANDORLA

CO REPREZENTUJE

Mandorla vzniká průnikem dvou kruhů stejného poloměru. Je to mystický symbol, který byl také nazýván posvátná brána nebo děloha vesmíru, protože vskutku dává vzniknout všem ostatním geometrickým tvarům. Chcete vědět jak? Stačí si pomocí kružítka sestrojit jakýkoliv tvar od trojúhelníku po čtverec i jiné geometrické tvary:

V mandorle se rodí mnoho geometrických tvarů—na příklad (ze shora dolů) trojúhelník, hexagon, čtverec.

Mandorla v italštině znamená *mandle* a jelikož mandlovník je první na jaře kvetoucí strom ve Středozemí, symbolika mandorly je spojována především s novými začátky.

Mocná síla mandorly se nachází v harmonii duálního principu přírody. Tak jako kruh obsahuje zrnko duality, mandorla ukrývá trojjedinost. Je to tím, že v mandorle lze pozorovat dva trojúhelníky spojené v symbol diamantu:

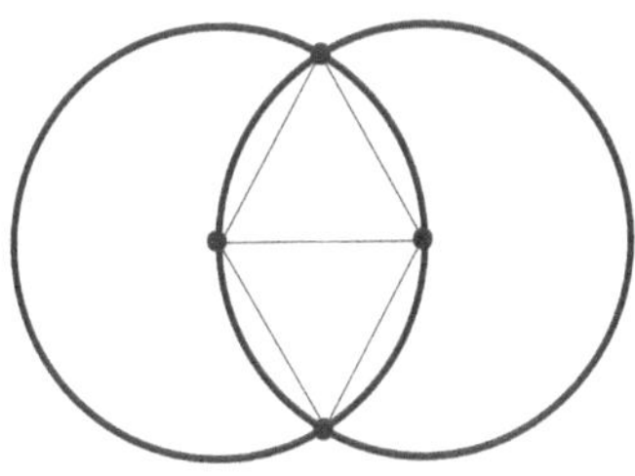

Toto reprezentuje harmonické propojení protichůdných energií jako je tma a světlo, mužský a ženský princip, teplé a studené, vlhké a suché apod. Meditace s mandorlou probouzí vnitřní alchymický proces harmonizace levé a pravé mozkové hemisféry a také světlý a stinný aspekt naší duše.

Mandorlu lze vnímat i jako mystickou bránu mezi vnitřními a vnějšími světy či prahem mezi stvořenou a nestvořenou realitou.

Dokonce i my se rodíme do tohoto světa branou podobající se mandorle, pokud bereme v úvahu tvar vulvy. Proto byla mandorla spojována s archetypem bohyně matky, ale to je jen část její obsáhlé symboliky. V magii totiž symbol mandorly ztělesňuje propojení nebe a země, těla a ducha, ale také splynutí mužského a ženského principu - tedy boha a bohyně.

Mandorla je základem pro tak zvané Semeno života a mysteriózní Květ života, z kterých lze odvodit nespočetně mnoho dalších magických symbolů. Všechny tyto tvary jsou také zahrnuty v konceptu axis mundi neboli Stromu života, ale o tom až v poslední kapitole.

Mandorla se někdy objevovala i ve tvaru diamantu, jenž se vyskytoval v umění mnoha starověkých kultur či ve formě germánské a severské runy Ingwaz. Ingwaz má podobné symbolické významy jako mandorla a v magii se oba tvary používají jako brány pro vstup do jiných světů a pro uvolnění energií a emocí.

Runa Ingwaz

JAK A KDY S MANDORLOU PRACOVAT

Mandorla se nám zobrazuje ve chvílích, kdy stojíme na nějakém důležitém prahu poznání. Možná se nám mění názory, pocity, či dokonce životní cíle. Ve všech případech je její symbol povzbuzením k zachování si otevřené mysli a hlubšímu zájmu o svět.

Pokud mandorlu nebo její variance často vidíte, znamená to, že jste byli pozváni prostoupit vesmírnou branou moudrosti. Je nejspíš na čase nastolit lepší propojení s vašimi vnitřními světy. Možná vás mandorla inspiruje k soustředění se na vaše přirozeně vrozené metafyzické talenty a naučit se je správně používat. Tento symbol nás zkrátka nabádá k otevření našeho vnitřního zraku a k objevení jeho neskonalého potenciálu.

Síla mandorly se také v našich životech manifestuje v období, kdy potřebujeme vybalancovat nějaké extrémy. Například nás může varovat, když se příliš přepracováváme, nebo nás naopak vyzývá k aktivitě pokud otálíme. Navádí nás k harmonizaci myšlenkových vzorců a dopomáhá nám k uvědomění, že rozumnost je stejně tak důležitá jako vnímavost.

Nejlepší komunikace s mandorlou a jejími odvozenými symboly probíhá pomocí vizualizace, meditace a kresby.

Spojování a otevírání dlaní do tvaru mandorly také pomáhá, zvláště pokud to děláte se záměrem propojení vnitřních dualit a otevření se novým vědomostem.

Existuje také relaxační pozice mandorly, kterou si lze v leže vytvořit nohama (tak jak je to vyobrazeno na obrázku níže).

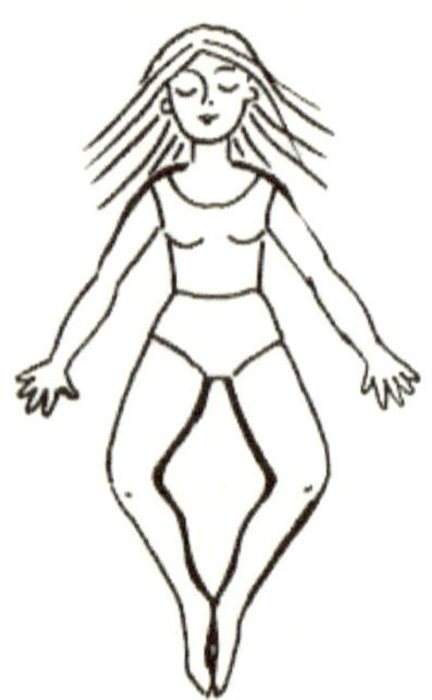

Horizontální verze mandorly je spojována s ideou třetího oka, proto k nejlepšímu propojení s tímto symbolem dochází, pokud jsme sladěni s naší intuicí a vnitřním vedením. Poté nám možná mandorla otevře

bránu mezi vědomou a podvědomou myslí a navede nás
ke světu, jenž zahrnuje spektrum nekonečných
možností.

Pokud opakovaně vídáme symbol mandorly či její
odvozené symboly, nebo nás tyto symboly přitahují,
nejspíše to znamená, že stojíme před prahem nějakého
důležitého poznání a nových možností.

ODVOZENÉ SYMBOLY

OKO

Oko je především známo jako symbol spirituálního prozření a osvícení. Jako symbol reprezentuje tak zvané třetí oko, jež nám umožňuje pohlédnout za hranice této reality. Fyzicky je spojováno s šišinkou mozkovou, malou endokrinní žlázou v centru našeho mozku, která produkuje melatonin, tedy hormon, díky němuž upadáme do spánku. Zajímavostí je, že buňky uvnitř šišinky mozkové jsou identické s těmi v sítnici oka. Je to tedy vskutku vnitřní oko - to, jež se otevírá když se obrátíme do sebe sama. Jen pro zajímavost, v aramejštině je mandle nazývána *luz* a ve španělštině a portugalštině toto slovo znamená světlo.

Oko se stalo symbolem mnoha pradávných kultur. Nejslavnější je asi Horovo oko, které ve skutečnosti připomíná umístění šišinky v mozku.

Poté se také objevuje symbol Hamsa:

Tento talisman ochraňuje před uřknutím zlého oka a používal se v oblastech Středního východu a severní Afriky.

Hinduistické a buddhistické tradice rovněž uctívají třetí oko, a podle jejich tradice se nachází nad obočím a propojuje tak šišinku mozkovou s vnějším zrakem. Také například bibličtí andělé Ophanim byli popisováni jako kola posetá očima.

Zvláštní význam tohoto symbolu se nachází v Severské mytologii. Bůh Odin dle legendy vhodil své oko do studnice moudrosti a jeho dva havrani mu od té doby sloužili namísto fyzických očí. Je docela možné, že Odin studnici neobětoval fyzické oko, ale ono třetí oko nebo šišinku mozkovou. Tuto myšlenku podporuje fakt, že šišinka mozková je dutá a nachází se v ní tekutina. Ono třetí oko tedy vyloženě hledí do vody.

Vzhledem k tomu, že šišinka mozková se podobá borovicové šišce, symbol šišky se také vztahuje k symbolice třetího oka. Tuto verzi je možné pozorovat v mnoha starobylých kulturách. V buddhistických a hinduistických tradicích jsou šišky vyobrazeny na hlavě Buddhy, ve věžích chrámů, ale i ve formě solitérních skulptur. V Mezopotámii bylo mysterium třetího oka zobrazováno ve formě postav držících šišku v ruce či na holi. Existuje rovněž Osiridova hůl, jež vypadá jako Caduceus (dva hadi obtočení kolem okřídlené tyče), ale na vrcholu je místo koule šiška. Se šiškou byl také zobrazován bůh Bacchus či Dionýsos. Hole nejspíše symbolizovaly axis mundi neboli Strom života, ale o tom se dozvíme víc v poslední kapitole.

Mezopotámští bohové drží šišky u Stromu života.

Odin, kresba Ivany Axmanové.

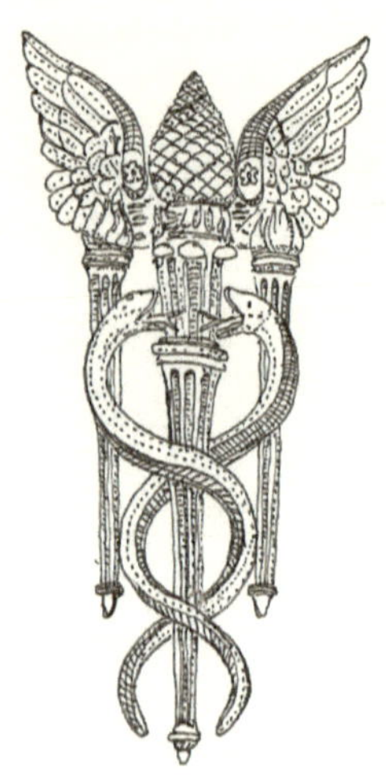

Egyptská Osiridova hůl (nahoře) a Thyrsus (níže).

VESICA PISCIS

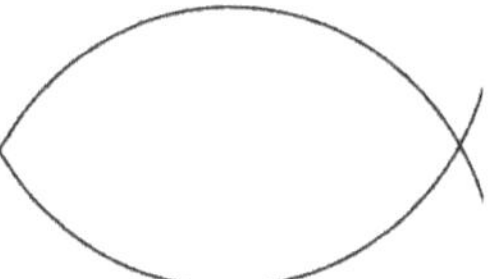

V latině vesica piscis znamená "rybí měchýř," a tento název se objevuje stejně často jako mandorla, jelikož vesica piscis je horizontální verzí mandorly.

Vesica piscis i mandorla byly často vnímány jako symboly duchovní čistoty. Proto byly hojně znázorňovány v křesťanských kostelech kolem Panny Marie a Ježíše Krista zvaného *rybář lidí*. Mandorla a vesica piscis se také staly inspirací gotické architektury a onoho typického lomeného oblouku.

Symbol vesica piscis je spojován s dvanáctým znamením zvěrokruhu, znamením Ryb, které se nachází na konci a zároveň na počátku zodiakálního cyklu, podle toho, jak toto duální znamení vnímáme. Každopádně je symbolickým přechodem z jedné fáze či úrovně do druhé.

VEJCE STVOŘENÍ

V mnoha mýtech a legendách po celém světě vejce symbolizovalo počáteční svět. V indickém Sanskrtu se kosmos popisuje jako Brahmanda - jednota všeobsahujícího vejce. Podobně je tomu i v řeckých tradicích, kde z kosmického vejce vzešel prvotní hermafrodit, jenž stvořil všechny ostatní bohy.

Symbol vejce byl často zobrazován s obtočeným hadem, který reprezentoval sílu země a kosmu. Tato symbolika je podobná jako Ouroboros a had střežící říši lidí zvanou Midgard v severském Stromu života. Severský Strom života vlastně také dle legendy vzešel z původního kosmického vejce. Toto kosmické vejce zvané Hagalaz (stejné jméno nese i základní severská runa), plodí semeno života neboli nejasnou prázdnotu, z níž se zrodil svět. Hagalaz se stala základní severskou runou, jež je zároveň podkladem pro všechny ostatní runy.

Také v čínské mytologii se vztahuje původ světa ke kosmickému vejci. Podle tamních legend se bůh jménem Pangu vylíhl z vejce a jeho rozlomením vytvořil nebe a zemi. Podobně je tomu u egyptského slunečního boha Ra a u boha Brahmy v Indii, kteří rovněž dle mýtů povstali z posvátného vejce.

Vejce jako symbol počátku života se také objevuje v poslední kartě Velké Arkány Tarotu zvané Svět. Na této kartě vidíme ženu tančící v girlandě připomínající mandorlu či vejce. Stejně jako zodiakální znamení Ryb i tato karta symbolizuje konec i začátek nějakého cyklu.

Tarotová karta Svět (inspirováno Rider Waite Tarotem).

TROJÚHELNÍK

CO REPREZENTUJE

Tak jako mandorla vzniká z průniku dvou kruhů, trojúhelník povstává z mandorly:

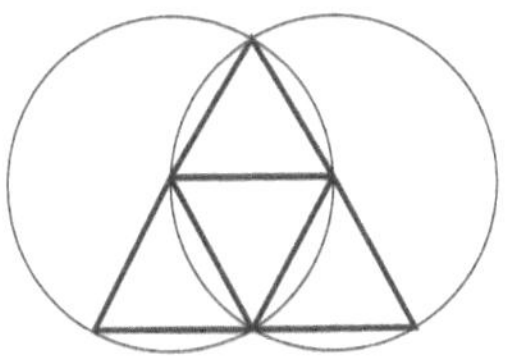

Trojúhelník je také základem pro jiné geometrické útvary jako třeba čtverec, obdélník, pentagon (pětiúhelník), hexagon (šestiúhelník), Platónská tělesa a mnohé další. Tato trojjedinost se nekonečně opakuje v mnoha komplikovanějších magických symbolech.

Energie trojúhelníku je soustředěna do třetího bodu mezi dvěma protějšími. Harmonie těchto tří bodů je klíčem k pochopení základu všeho stvoření. Je to střed mezi dolním a horním světem, nula mezi nekonečnými plusy a mínusy, a balanc mezi dvěma miskami na vahách spravedlnosti.

Trojúhelník tedy přináší do popředí důležitost harmonie. Mohl by být přirovnán k přechodným ročním obdobím jako je jaro a podzim, které vyvažují extrémy zimy a léta, nebo ke kmenu, jenž stojí mezi nekonečným větvením do výšek a hlubin. Trojúhelník také reprezentuje trojjedinost času: minulost, současnost a budoucnost.

V severském Stromu života se nachází tři základní úrovně, které se větví do devíti světů, tedy tři krát tři. Prostřední úrovní je Midgard - svět lidí. Naše tří dimenzionální realita je tedy propojena s centrem Stromu života – prostorem mezi podzemím a nebem. Další souvislost se Stromem života je trojice archetypálních bytostí zvaných Norny. Tyto tři obryně dle legend spřádaly osud Stromu života, jeho minulost, přítomnost a budoucnost. Podobně je tomu tak i v řeckých mytologiích, kde byl tento posvátný strom střežen třemi dcerami noci – nymfami Hesperidkami.

Norny, kresba Ivany Axmanové.

Tyto tři ženské principy jsou známé i v Hinduismu. Hmota matky země má zde tři vrozené kvality, kterým se říká Guny a které harmonizují základ veškeré pozorovatelné reality. V řecké mytologii se tyto tři archetypy odráží v takzvaných Moirách, třech sestrách spřádajících osud světa. Jedna navíjí nit osudu na vřeteno, druhá ji drží na přeslici a třetí ji přestřihuje. Jejich ekvivalenty jsou římské Parky a slovanské Sudičky. Podobné jsou i legendární tři sestry severoamerických kmenů zvané Slunce, Kukuřice a Myšlenka. Mnoho tamních kmenů uctívalo tyto tři ženské principy jako prapůvodní bohyně, které sní a tkají život do existence. V kabalistickém stromu života jsou zase tři archetypální matky, jež zastupují vinu, nevinu a jazýček práva kolísající mezi nimi.

Trojúhelník většinou symbolizuje harmonii a rovnováhu. Také reprezentuje intelekt, moudrost, sbírání vědomostí a důležitost jasného myšlení. Jeho magická síla nám pomáhá v soustředění se na naše záměry a nabízí spíše barevné než černobílé vnímání světa. Jeho harmonický tvar přitahuje otevřenou a zvědavou mysl.

JAK A KDY S TROJÚHELNÍKEM PRACOVAT

Pokud se nám trojúhelníkové symboly líbí či se s nimi na naší cestě životem neustále setkáváme, znamená to, že energie tohoto symbolu komunikuje s naší přirozenou moudrostí.

Energie trojúhelníku nám propůjčí lepší soustředěnost na naše cíle, vede nás k větším výkonům, asistuje nám při studiu, pomáhá se spirituálním růstem a s pochopením smyslu života.

Povzbuzuje nás také k celkové harmonizaci. Možná nás inspiruje k nalezení rovnováhy mezi prací a odpočinkem, mezi fyzickými a mentálními aktivitami, spěchem a trpělivostí a podobně.

Dobrý způsob, jak se propojit s energií trojúhelníku je si ho kreslit, vizualizovat či ho nosit u sebe jako talisman. Můžete také zkusit meditaci s trojúhelníkovou mudrou, tedy spojit prsty rukou tak, aby vytvořily trojúhelník a soustředit se na jeho sílu tak dlouho jak vám to bude příjemné.

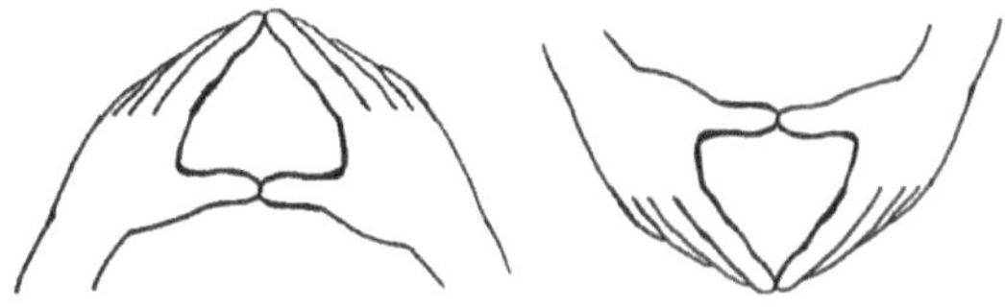

Nejlepší cestou k objevení mysteria trojúhelníku je však manifestovat jeho energii v každodenním životě: Pamatovat na to, abychom žili v souladu se svým světem, snažili se harmonizovat sebe sama a zároveň zůstali soustředěni na náš životní úkol – to jsou tři hlavní ingredience, jež odkrývají jeho poselství.

ODVOZENÉ SYMBOLY

TROJÚHELNÍK SMĚŘUJÍCÍ VZHŮRU A TROJÚHELNÍK SMĚŘUJÍCÍ DOLŮ

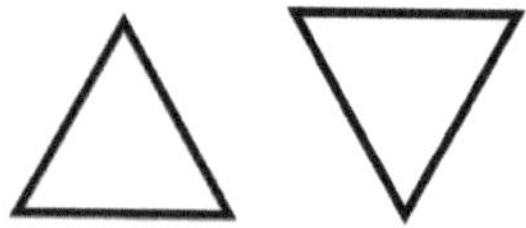

Nahoru směřující trojúhelník zastupuje vůli, koncentraci a mentální práci. Tento symbol nám pomáhá při studiu či tvořivé práci, jelikož nám dodává nadšení a elán. Tato aktivní verze trojúhelníku se také vztahuje k severské runě Tiwaz, která nám pomáhá stát se neochvějnými bojovníky na naší cestě životem.

Runa Tiwaz

Dolů směřující trojúhelník je spojován s emocemi, citlivostí a intuicí. Navádí nás k lepšímu pochopení niterných pocitů, vhledů a snů. Tato pasivní verze trojúhelníku je také příbuzná symbolu kalicha či grálu, které ztělesňují porozumění, moudrost a přirozený tok kreativity a lásky.

V alchymii a astrologii je nahoru směřující trojúhelník asociován s elementy ohně a vzduchu a dolů směřující zase s elementy vody a země. Jejich propojení znázorňuje posvátnou jednotu boha a bohyně tedy alchymický Hieros gamos. V Indii je tomu podobně, jelikož tam je nahoru směřující trojúhelník spojován s bohem Shiva a dolů směřující s bohyní Shakti. Jejich propojení je symbolizováno šesticípou hvězdou neboli hexagramem nazývaným Shaktona, jež reprezentuje splynutí protikladů propojujících se v srdeční čakře:

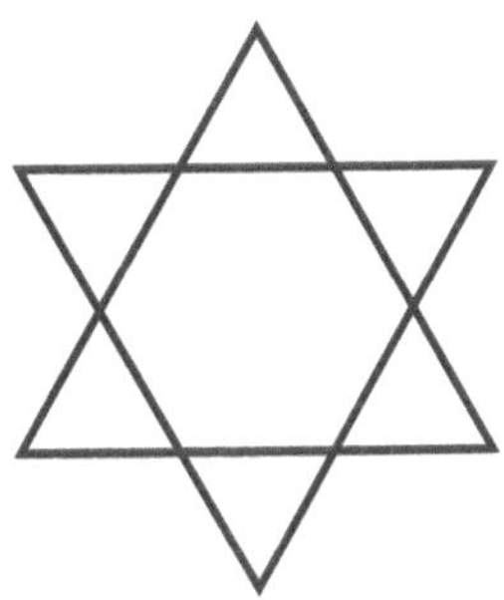

TRIQUETRA

Tento symbol spojující tři identické mandorly zauzlené v trojúhelníkovém pojednání, má své počátky v keltských tradicích, avšak později byl přejat křesťanstvím.

Stejně jako trojúhelník reprezentuje i Triquetra princip trojjedinosti jako je život, smrt a znovuzrození, tmu, světlo a stín, nebo boha, bohyni a dítě. V pohanské magii je také používán jako symbol nekonečné lásky.

Co odděluje Triquetru od trojúhelníku je symbolické zauzlení. Uzly většinou symbolizují nekonečno a mystérium času. Ve starověkém Egyptě byla tradice zauzlení či rozuzlení něčeho či někoho v časoprostoru privilegiem bohů a vztahovala se tedy k posvátné síti světa, jinými slovy k matrixu.

Symbol Triquetra může být vytvořen z kruhu či torusu, a je podobný spletitému Gordickému uzlu. Jako mnoho jiných uzlových symbolů i tento je spojován s umem rozvázání a svázání, a tím tedy rozuzlení problémů nebo k upevnění toho, co nám uniká.

TRISKELE (TRISKELION)

Jako Triquetra i Triskele je keltského původu a znázorňuje trojjediný princip stvoření. Vzhledem k jeho spirálovité energii je však více spojován s plodivou silou takzvané Trojjediné bohyně, v níž se ukrývá aspekt děvčete, ženy a stařenky. Také symbolizuje ubývající, přibývající měsíc a úplněk, nebo éterické světy země, moře a nebe. Trojúhelníková spirálovitá energie symbolu Triskele také reprezentuje slunce a jeho životodárné světlo.

TROJZUBEC

Tento mýtický nástroj zobrazován s bohy jako byl Poseidon, Neptun, Aegir nebo Šiva především symbolizuje moc těchto mýtických božstev. Jeho spojení s oceánem naráží vlastně i na vesmír, jelikož prostor vesmíru byl často nazýván vesmírnými vodami či prapůvodními vodami.

Trojzubec byl někdy zobrazován dvojitě a sice jako tyč s jedním trojzubcem obráceným nahoru a druhým dolů. Tento dvojitý trojzubec je především k vidění v umění Mezopotámie. Podobá se starodávným vyobrazením Stromu života, což jen umocňuje jeho legendární moc.

Trojzubec poukazuje na nejvyšší autoritu také v Taoismu, kde byl rituální zvon používán k přivolávání duchů zobrazován s trojzubcem na jeho vrcholu.

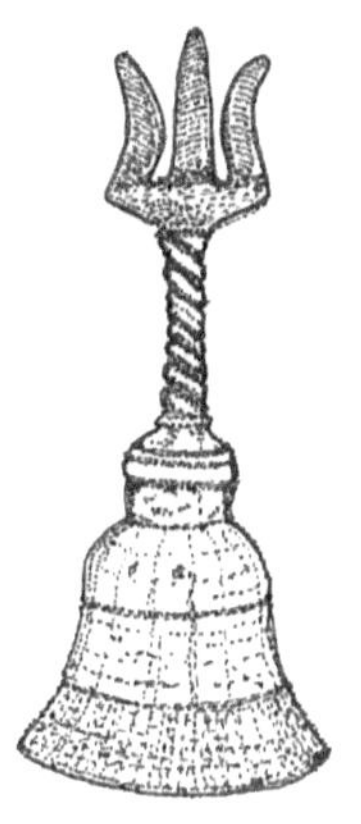

Rituální zvon Taoismu

Trojzubec boha Shivy

Poseidonův trojzubec

Mezopotámský dvojitý trojzubec

Trojzubec se také výrazně podobá severské runě Algiz/ Elhaz, která symbolizuje duchovní a duševní ochranu. Těchto osm run také vytváří štít boha Aegira zvaný Aegishjalmur, (více o tomto symbolu v následné kapitole).

Runa Algiz

Na co byl trojzubec používán zůstává tajemstvím, ale jednalo se nejspíše o nějakou zbraň. Vzhledem k tomu, jak ho popisují severské a taoistické tradice asi tato zbraň odrážela zlo. Symbolické spojení elementu vody a trojzubce také poukazuje na možné pročišťování energií a emocí.

ENNEAGRAM

V geometrické terminologii je tato devíticípá hvězda nazývána enneagram či devítiúhelník a obsahuje tři propojené rovnostranné trojúhelníky. Tento symbol je tedy nabit doslova trojnásobnou energií trojúhelníku.

Enneagram nám pomáhá v dosahování cílů a navádí nás ke správným cestám v našem životě. Pokud toužíme objevit své životní poslání, nebo možnosti, jak v něm pokračovat, pak je pro nás tento symbol zásadní.

Nejlepší je s ním meditovat či jednoduše pozvat jeho trojjedinou energii do svých životů tím, že budeme vnímaví k našemu vnitřnímu vedení, aktivní v uskutečňování našeho poslání a zároveň otevření k případným změnám, nekonečným možnostem a novým náhledům.

Numerologická souvztažnost tohoto symbolu jen

posiluje jeho význam. Devítka je poslední číslicí v naší desítkové soustavě a reprezentuje tedy naplnění a dovršení. Kuriozitou je, že kterékoliv číslo vynásobíme devítkou a výslednou číselnou hodnotu sečteme, výsledkem bude vždy devítka:

2x9=18 a 1+8=9

3x9=27 a 2+7=9

6x9=54 a 5+4=9...

Enneagram je podobný tak zvanému Valknutu, severskému symbolu, který doslova znamená uzel a zastupuje devět propletených světů ve třech sférách Stromu života – jeho kmen, kořeny a větve. A stejně jako samotná symbolika Stromu života, byl i Valknut spojován s bohem Odinem.

Valknut

SRI YANTRA

(POSVÁTNÁ YANTRA)

Toto je nejzásadnější a nejvíce obdivovaná indická jantra. Jantra je geometrický obrazec používaný při meditacích a jeho doslovný překlad znamená "obdržet" či "získat."

Jako enneagram má i Sri jantra devět propojených trojúhelníků: čtyři z nich směřují vzhůru a reprezentují mužský princip a boha Shivu, a pět z nich směřuje dolů a reprezentuje ženský princip a bohyni Shakti. Jejich sjednocení znázorňuje jednotu kosmického vědomí.

Sri jantra nám pomáhá pročistit a zlidnit naši mysl tak, abychom mohli lépe vnímat naše duchovní vedení. Dívat se na ni, či si ji udržet po nějakou dobu v mysli je formou meditace. Sri jantra je známá pro svou neobvyklou sílu, která v nás probouzí nečekané vhledy a moudrost.

TETRAKTYS

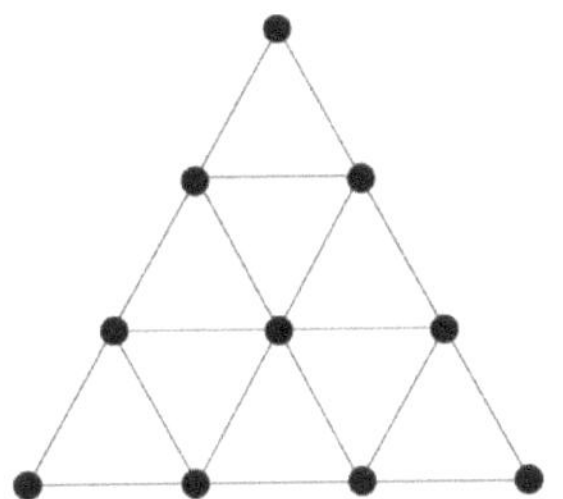

Tetraktys byl důležitým symbolem Pythagorejské školy v antickém Řecku. Jako tomu bylo u Valknutu a enneagramu i Tetraktys zobrazuje devět rovnostranných trojúhelníků, v tomto symbolu jsou ale obsaženy v jednom spojujícím. Trojúhelníky jsou propojené tečkami, které vyzařují sílu jednoty. Při bližším pozorování tohoto symbolu si všimneme, že je v něm ukryt také hexagon.

Čísla tři a devět nás opět přivádí ke Stromu života, jeho třem sférám a devíti světům. Také nám to připomene trojjedinost času: minulost, přítomnost a budoucnost, či ony tři archetypální matky, jež spřádají kolo osudu u kořenů naší existence.

Shora zmíněná filozofie se odráží ve starodávné modlitbě za Tetraktys, která tento symbol označuje jako posvátné číslo, kořen a pramen stvoření. Také jej

považuje za matku všeho, prvorozenou a vše objímající
držitelku mystického klíče.

Někteří mystici říkají, že Tetraktys je také propojený s
kabalistickým Stromem života. Je to velmi
pravděpodobné, zvláště pro onen skrytý hexagonální
tvar připomínající Davidovu hvězdu.

ČTVEREC & KŘÍŽ

CO REPREZENTUJÍ

Stejně tak jako trojúhelník i čtverec sestrojíme pomocí průniku dvou kruhů, které vytváří mandorlu. Při konstrukci čtverce lze sledovat všechny předešlé geometrické útvary: kruh, mandorlu a trojúhelník, ale především kříž. Kříž a čtverec jsou vlastně rozdílné verze stejného tvaru, a proto byl také vždy jejich symbolický význam provázán.

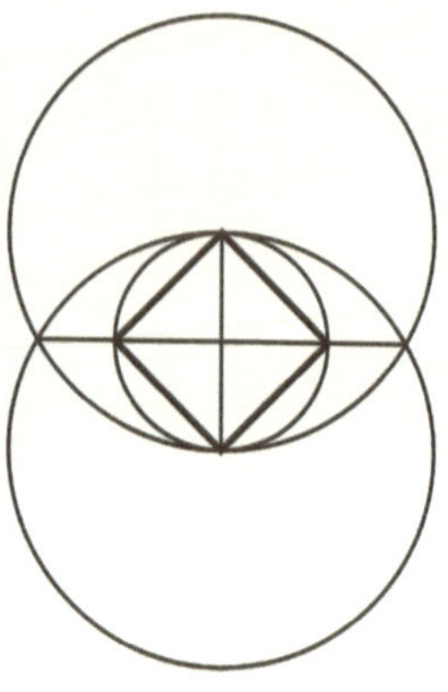

Konstrukce čtverce a kříže.

V magii a alchymii byly čtverce a kříže asociovány s elementem země. Dvě překřížené linky symbolizovaly časoprostor naší planety. Proto byl také kříž spojován s axis mundi, Stromem světa neboli Stromem života.

Není náhodou, že symbol Stromu života se promítá téměř ve všech magických symbolech, protože zatímco kruh je zdroj, Strom života je výsledek. To vysvětluje, proč byly symboly se základem čtverce a kříže tak často vyobrazované s kruhem.

Čtverec je dokonale symetrický symbol se značně uzemňující energií. Reprezentuje kondenzovanou hmotu, tedy manifestovaný svět. Také byl vždy spojován s ochranou a bezpečím. Jeho čtyři hroty dokáží odpíchnout nežádoucí energie a vytvořit mocný ochranný štít.

Čtverec a kříž jsou spojovány se čtyřmi základními elementy, kde centrální bod křížení symbolizuje nejmystičtější pátý element. Čtverec a kříž také zastupují čtyři světové strany, čtyři roční období a čtyři denní fáze – úsvit, poledne, stmívání a noc. V pohanských tradicích jsou tyto čtyři fáze považovány za nejmagičtější a nejléčivější momenty dne.

JAK A KDY SE ČTVERCEM A KŘÍŽEM PRACOVAT

Pokud vám čtverce, kříže, či od nich odvozené symboly často kříží cestu, může to mít více významů:

Možná jste nabádáni k uzemnění a k lepšímu vnímání přítomného okamžiku, vašeho okolí, ale také vlastních pocitů a tužeb. Pokud je totiž čtveřice těla, mysli, emocí a ducha v harmonii, celkově vás to posílí.

Vzhledem k tomu, že nejdůležitějším významem čtverce a kříže je manifestace, jste asi těmito symboly vedeni k poznání své vlastní manifestační síly. Její energie vás může inspirovat k tomu přestat s otálením a věnovat se uskutečňování vašich snů a cílů. Třeba je správný čas probudit svého vlastního božského alchymistu a začít měnit svůj život k lepšímu. Síla čtverce a kříže nás vede k prožívání místo přežívání života.

Mocná manifestační síla čtverce a kříže však přichází i s varováním. Radí nám vytvářet jen to, co opravdu považujeme za správné, protože s manifestací jde ruku v ruce i zákon: Kdo s čím zachází s tím také schází. Pokud si nejste jisti čistotou svého záměru při svých manifestačních rituálech, jednoduchou pomocí je dodat ke každé modlitbě či rituálu větu: „Ať se to stane jen pokud je to ku prospěchu všech zúčastněných."

Další význam častého vídání těchto symbolů je, že kolem sebe potřebujete vytvořit ochranný štít. Něco či někdo na vás může negativně působit a vy jste možná příliš citliví na to bojovat se škodlivými vlivy z okolí. V takovém případě se mi kříž a od něj odvozený symbol Aegishjalmur (pro více informací nalistujte odvozené symboly) osvědčily jako nejvíce působivé.

Pozvat si uzemňující a ochrannou energii čtverce a kříže do našich životů je celkem snadné. Jednou z možností je vytvořit oba tvary použitím přírodních materiálů jako jsou kameny, větvičky, či mušle a následně meditovat v jejich centru. Tento meditační prostor je však lepší zapečetit i kruhem a zajistit si tak mocnější ochranu. Zatímco čtverec a kříž odpíchnou negativní energie, kruh vytvoří bezpečný, uzavřený prostor.

Můžete se také vyloženě postavit do energie čtverce a kříže tím, že stojíte s nohama u sebe s rozpřaženými pažemi, a zůstanete v této pozici tak dlouho, jak je vám to příjemné. Toto se nazývá meditace kříže Tau, jelikož svým tělem vytvoříte tento symbol, který byl odvozen z egyptského Ankhu (pro více informací nalistujte odvozené symboly).

Jako u všech magických praktik by za touto meditací měl být záměr. Nejdříve je dobré se rozhodnout, proč vlastně chceme komunikovat s energií čtverce a kříže. Chceme získat více síly? Chceme se cítit více uzemnění? Nebo si potřebujeme vybudovat ochranu před nějakými negativními silami? V tom posledním případě by se k meditaci kříže Tau hodila modlitba k vašim duchovním průvodcům.

Další možnost, jak přivolat okamžitý ochranný štít čtverce a kříže, je sepnout ruce v pěst a zkřížit je přes hrudník tak, aby se pěsti dotýkaly vašich ramen. Poté se

prostě rozhodněte zablokovat energie, jež se snaží
narušit váš ochranný prostor. Tato pozice je zázračným
pomocníkem v případě, když jste ohroženi negativním
působením z okolí, nebo když se nacházíte v prostorech,
kde straší.

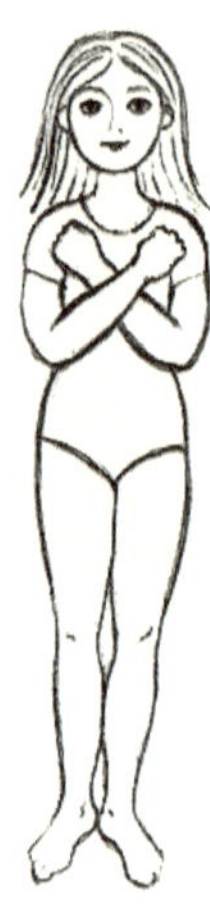

V magii je symbol čtverce a kříže často používán
v případech, kdy se chceme spojit s energiemi čtyř
základních elementů. Čtverec nebo kříž je vepsán do
kruhu či je stvořen z objektů, které tyto elementy
reprezentují. Mág poté stojí v centru a stane se pátým
elementem – jinými slovy tvůrcem elementární magie.

ODVOZENÉ SYMBOLY

MŘÍŽKY

Kříže a čtverce jsou nejvhodnější tvary pro dláždění či kachličkování velkých prostorů. Pomocí těchto geometrických tvarů můžeme kachličkovat do nekonečna, což vypovídá mnohé o jejich uzemňující a manifestační kvalitě. Tyto tvary nám pomáhají definovat a budovat prostor. Proto mřížka či síť často symbolizuje naši realitu neboli matrix. Kachličkování by se dalo přirovnat ke tkaní či pletení, protože také stojí na stejném principu křížení.

Spletité symboly mřížek jsou nedílnou součástí umění mnoha starověkých kultur, především keltské, slovanské, germánské, severské, ale vyskytují se také u amerických indiánských kmenů. Jejich tvary jsou rozmanité - od jednoduchého křížení k cikcak tvarům až po diamantové vzorce. Symbolika mřížek jde také ruku v ruce s uzly, jelikož ty rovněž reprezentují propletení a propojení všeho živého.

KRUH A KŘÍŽ

Spojování těchto dvou základních geometrických tvarů se datuje až do pravěkých dob. Různé varianty kruhů a křížů byly znázorňovány v jeskynních malbách po celém světě. Nejspíše symbolizovaly roční či denní cykly, ale také propojení země a nebes. Horizontální linka reprezentovala zemi a vertikální nebe. Společně splývaly v nekonečnu kruhu. Zároveň také znázorňovaly čas (horizontální linka) a prostor (vertikální linka) v našem světě (kruh).

Jasné propojení mezi křížem a kruhem znázorňuje symbol amerických indiánů, tak zvaný Léčivý kruh:

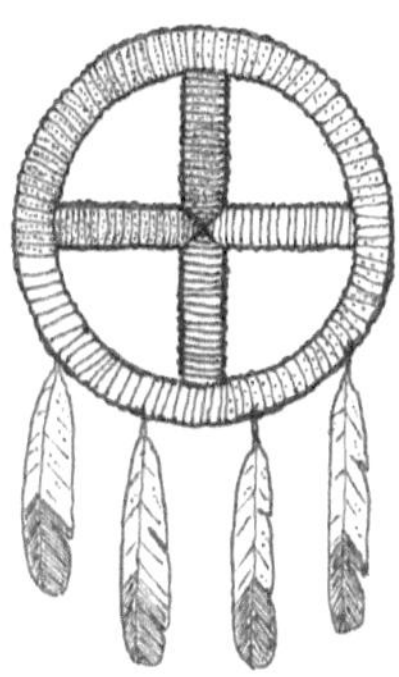

Jak je znatelné z jeho názvu, byl používán k léčení, ale také jako základní koncept samotného života. Reprezentuje fyzické, mentální, emoční a spirituální části duše i síly čtyř světových směrů, čtyři základní elementy a čtyři fáze života. Jejich sjednocení symbolizovalo individuální Já a dvě křížící se linky Matku zemi a Otce nebes – jinými slovy Strom života. Tento symbol také zahrnuje moudrost amerických indiánů: "Mitakuye Oyasin" což v překladu znamená: "Všichni jsme součástí jednoho."

V keltských tradicích se spojení kříže a kruhu odráží v tak zvaném Kruhu života, Slunečním kruhu či Kruhu roku, které reprezentují roční cykly a světové strany. Kříž je v tomto symbolu někdy zdvojen a tím vytváří osmicípou hvězdu (více informací o osmicípé hvězdě se nachází na konci této kapitoly).

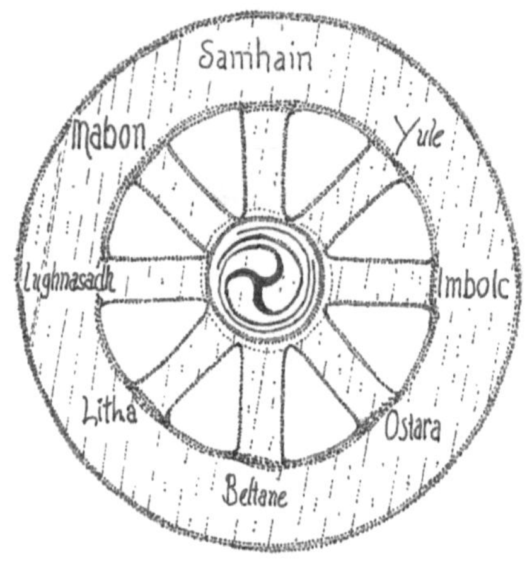

Keltský Kruh roku.

Další propojení kříže a kruhu se nachází v Keltském kříži, který byl zobrazován v raném středověku ve Velké Británii a Irsku:

Tato verze má kruh kolem bodu křížení a je odvozena od výše zmíněných symbolů keltského Kruhu života. S největší pravděpodobností také symbolizuje Strom života, jelikož byl často nacházen společně s nápisy Ogham, tedy keltské abecedy, jež je provázána s moudrostí stromů. Samotný Ogham je založen na křížení a každé písmeno je kombinací dvou nebo více rovných linek.

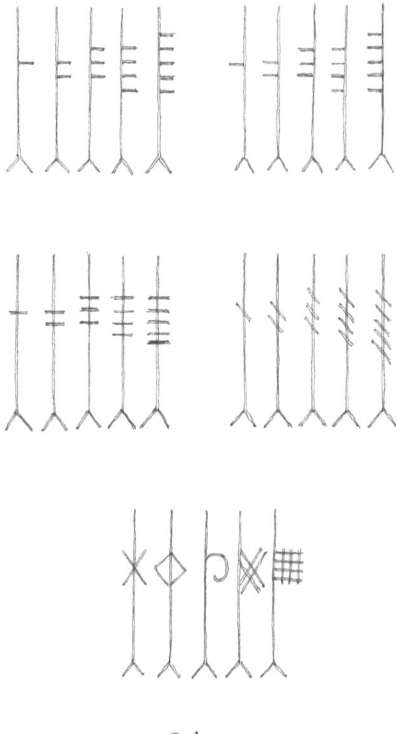

Ogham

Další významný symbol spojující kříž a kruh je egyptský Ankh, také nazýván "Klíč k životu." Ankh zobrazuje smyčku nebo kruh na kříži ve tvaru písmena T. První zobrazování Ankhu je známo již v rané dynastii starověkého Egypta a tento symbol je tedy více než pět tisíc let starý.

Ankh

Obecně smyčka či kruh reprezentovaly ducha a nebeské sféry, zatímco kříž zase pozemský svět a jeho časoprostor, axis mundi neboli Strom života.

Ankh byl metaforickým zobrazením mystického klíče, který otevíral brány mezi nebeským a pozemským světem. Proto byl často zobrazován v rukou božstev jako symbol moci. Také byl asociován se symbolikou uzlů a reprezentoval božskou moc zauzlovat či rozuzlovat něco či někoho v daném časoprostoru.

Pozdější verze tohoto symbolu byl kříž Tau, který

ukrýval tajemství starodávného Egypta a stal se křížem zasvěcenců a mystiků.

Kříž Tau

Ke kříži Tau se váže zajímavá spojitost s řeckou a hebrejskou abecedou. Řecké písmeno tau bylo symbolem života a vzkříšení přes to, že později byl obdobný symbol spojen s ukřižováním a smrtí. Hebrejské písmeno Taw se na druhou stranu překládá jako *pravda* a je posledním tedy dvaadvacátým písmenem hebrejské abecedy. Fénické písmeno Taw zase připomíná řecký kříž či severskou runu Gebo a pravděpodobně bylo odvozeno od egyptského hieroglyfu, který vypadá stejně a překládá se jako *znak* či *znamení*:

Křesťanský kříž je také variantou Ankhu, ale zde svatozář Krista nahradila původní kruh. Další variací je tajemný Irminsul neboli Velký pilíř. Byl to významný symbol germánských a saských pohanů a ztělesňoval Strom života.

Irminsul

Další i když ne prvoplánový příklad propojení kruhu a kříže je Tibetská Vadžra neboli Tibetský kříž:

V Sanskrtu znamená dvě slova: *diamant* a *blesk*. Tento symbolický objekt se zobrazoval buďto jako jednoduchá tyč či dvě zkřížené tyče se sférickými hlavicemi. Používal se jako zbraň i jako talisman pro získání a udržení nezničitelné moci. V mnoha směrech a významech připomíná také již zmíněný trojzubec.

Kříž a kruh rovněž reprezentovaly kolo kolovrátku, jež se používá při předení příze, což navazuje na symboliku legendárních tří sester či matek spřádajících osud světa. Spojitost s osudem je také patrná v Tarotové kartě Kolo osudu.

Tarotová karta Kolo osudu (inspirováno středověkým Tarotem).

OSMICÍPÁ HVĚZDA

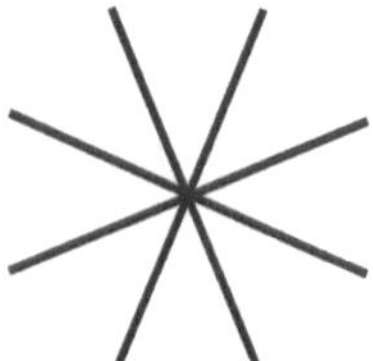

Pokud kříž či čtverec zdvojíme, získáme geometrický útvar osmiúhelník nebo oktagram a z nich odvozené symboly různých osmicípých hvězd. Tyto symboly byly používány starodávnými kulturami po celém světě a sdílí také podobné symbolické významy.

Ve starověké Babylonii a Indii reprezentovala osmicípá hvězda bohyně. V Babylonii se vztahovala k bohyni Ištar a v Indii zase k bohyni Lakšmí možná proto, že Lakšmí má dle mytologie osm manifestací a dohlížela nad osmi zdroji hojnosti.

Hvězda bohyně Ištar.

S osmicípou hvězdou však nebyly ztotožňované jen bohyně. Číslo osm bylo také spojováno s bohy času, osudu a spravedlnosti Saturnem a Kronem. Tato symbolika se promítá i v osmé kartě Velké Arkány Tarotu – kartě Spravedlnost. Téma spravedlnosti a osudu posiluje u osmicípé hvězdy zdvojený atribut manifestace, jelikož při ní by měl mág vždy brát v potaz zákon karmy.

Symbolu dvojitého čtverce se v Islámu říká Rub el Hizb. Byl zobrazován s kruhem v bodu křížení a užíván v arabské kaligrafii k označení konce kapitol. Objevuje se hojně v Koránu, kde především symbolizuje osm bran nebe.

V severské mytologii se vztahovala osmicípá hvězda k osmi nohám koně boha Odina, Sleipnira, avšak také k osmi světům Stromu života, kde devátý svět lidstva, Midgard, stál ve středu všech ostatních.

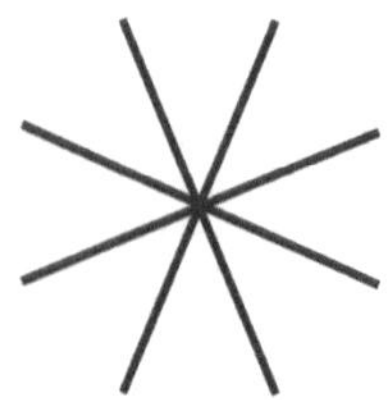

Vzhledem k tomu, že kříže a čtverce mají velkou ochranou moc, jejich zdvojení ji má dvakrát tak silnou. Skvělým příkladem takového magického štítu je vikingský runový symbol zvaný *Aegishjalmur* (helma boha Aegira):

Osm cípů tohoto symbolu je doplněno čtyřiadvaceti horizontálními linkami, které je kříží a reprezentují celou runovou abecedu. Hroty tohoto symbolu jsou variací runy posvátné ochrany zvané Algiz či Elhaz. Asi není náhodou, že tato runa připomíná i již zmíněný Trojzubec, jelikož bůh Aegir byl stejně jako Poseidón bohem moří.

Runa Algiz

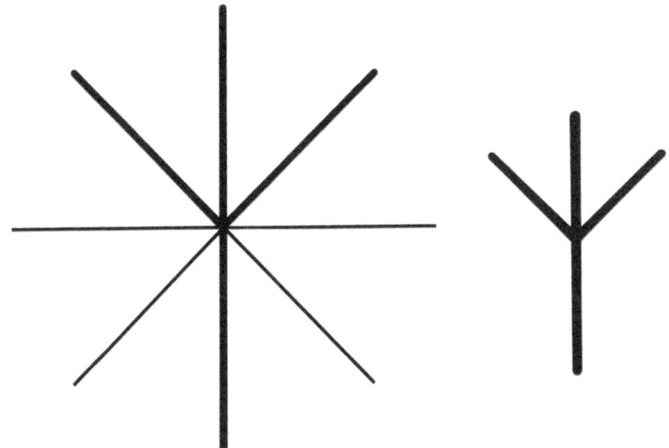

Runa Algiz je přirozeně zakomponovaná v tomto typu osmicípé hvězdy.

Ve staré Číně symbolizovala osmicípá hvězda Osm Nesmrtelných. Tyto mýtické postavy věděly, jak přenést svou moc do mocného nástroje, jenž mohl zlikvidovat zlo či dát život. V Buddhismu se tento symbol promítá v kruhu osmi hrotů zvaný Dharmacakra či Dharmovo kolo, které také symbolizuje osm cest vedoucích k Nirváně:

Není žádným překvapením, že jako v případě jednoduchého kříže, zdvojený kříž byl také často spojován s kruhem. Pro kmeny amerických indiánů byla osmicípá hvězda s vnitřním a vnějším kruhem znázorněním božského vedení a naděje. Dva kruhy symbolizovaly vnitřní a vnější světy a zdvojený kříž zase spojení čtyř světových stran a čtyř ročních období.

Podobně je tomu také u keltského Slunečního kruhu s osmi hroty, který reprezentuje světlou a temnou část roku společně s osmi svátky - Yule, Imbolc, Ostara, Beltane, Litha, Lughnasadh, Mabon a Samhain.

Ze všech těchto osmicípých symbolů je patrné, že především zdůrazňovaly spojení nebe a země, ale také sílu manifestace, plodnosti a ochrany.

Znak "An" jemuž se v sumerštině říkalo *dingir* - v překladu *božstvo*.

PENTAGON & PENTAGRAM

CO REPREZENTUJÍ

Jak jste si mohli všimnout v předešlých kapitolách, charakteristiky některých magických symbolů jsou si podobné. Je tomu tak proto, jelikož odráží princip jednoty, duality a trojjedinosti: tedy základní čísla a tvary v naší třídimenzionální realitě. Tyto tři principy se dále rozvíjejí do více variant, ale jádro zůstává stejné. Takže zatímco kříž zastává zdvojenou dualitu, pentagon a pentagram propojuje dualitu a trojjedinost.

Vzdálenosti mezi vrcholy pentagonu a pentagramu jsou v poměru zlatého řezu a je tomu tak i u křížení jeho úhlopříček, jež tento poměr také vytváří.

Zlatý řez byl považován za božskou proporci, protože se tak často objevuje v přírodě. První historická zmínka Zlatého řezu pochází z dob antického Řecka a sice z Pythagorejské školy, ale jeho mystérium bylo známo i jiným starověkým civilizacím. Například ve starověkém Egyptě byl nazýván hnací silou života a tou vskutku je.

Přímka rozdělená pomocí Zlatého řezu.

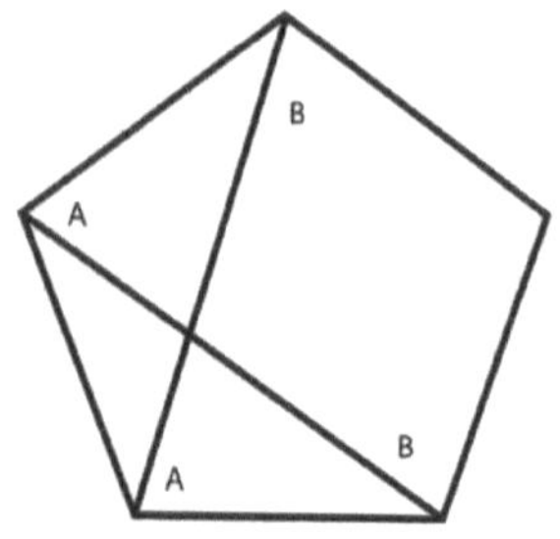

Zlatý řez v pentagonu.

Zdá se, že v přírodě se všechno rozvíjí v tomto poměru. Je možné ho pozorovat v mikro i makro kosmu a všude kolem nás. Jeho hnací motor spočívá v asymetrii a jejím nekonečném rozvoji. Toto je krásně vidět v příkladu rozdělení přímky. Pokud přímku rozdělíme symetricky v půlce, získáme dvě identické linky. Tento princip můžeme libovolně opakovat a vždy dostaneme stejné tvary. Pokud však přímku rozdělíme asymetricky a sice tak, že jedna strana je o polovinu menší než ta druhá, linky se postupně začínají měnit a vytvářet spirálovitý efekt. Na tomto principu vznikají galaxie.

Vodíkové vazby ve vodě se uspořádávají pentagonálně.

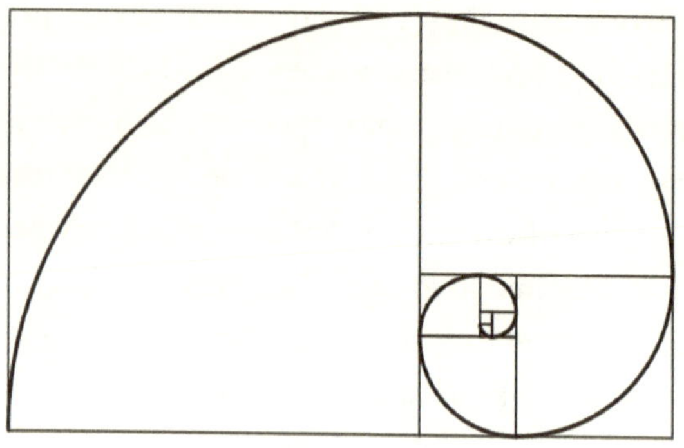

Zlatá spirála se Zlatými obdélníky.

Zlatý řez je značen řeckým písmenem fí. Jistý italský matematik z dvanáctého století zvaný Fibonacci vypátral, že číselná sekvence písmena fí vyloženě řídí přírodu. Tato takzvaná Fibonnaciho sekvence je série čísel, kde každé číslo je součtem předchozích dvou: 0, 1, 1, 2, 3, 5, 8, 13, 21 atd. Toto vytváří asymetrii a Zlatý poměr.

Existuje neskonale mnoho příkladů Zlatého poměru, tak vyjmenuji jen pár z nich: Je například mezi Zemí a Měsícem, mezi kruhy Saturnu, v rodokmenu včely medonosné, v uspořádání borových šišek nebo ve větvení stromů.

Fibonacciho sekvence ve větvení stromů.

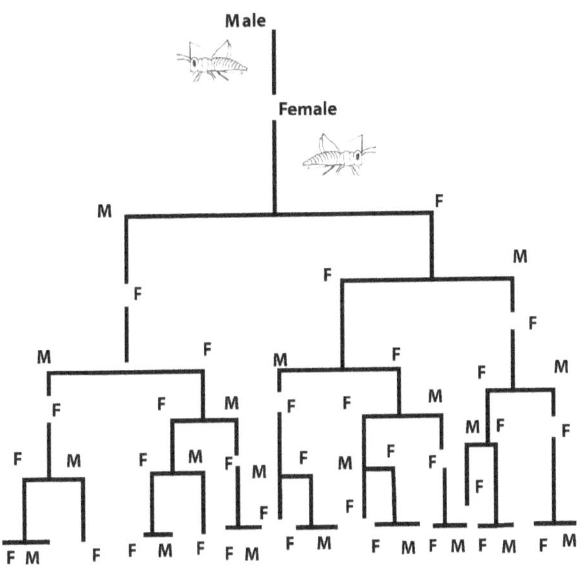

Fibonacciho sekvence v rodokmenu včely medonosné.

Pentagony jsou také nedílnou součástí v chemickém složení DNA:

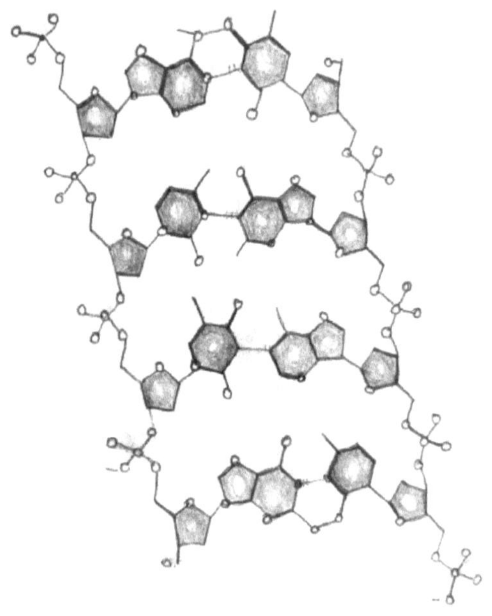

Kouli je možné vydláždit dvanácti pentagony a pokud rozpřáhneme ruce i nohy, tak i naše tělo začne připomínat pentagon. Také planeta Venuše a Země vytvoří kolem Slunce každých osm let obrovskou pentagramovou růžici:

Venušin osmiletý pohyb kolem Země vytváří tento harmonický
pěticípý tvar.

Pentagon a pentagram se nachází v umění mnoha starodávných civilizací. Ve starověkém Egyptě byl pentagram často zobrazován v asociaci s hvězdnými konstelacemi či božstvy. Například bohyně Sopdet, jejíž jméno znamená Hvězda Sirius, byla často zobrazována s pentagramem nad hlavou. V Irské mytologii je pentagram spojován s legendárními pěti prameny a Studnicí poznání. Tyto posvátné prameny, z nichž hrdinové pili, když chtěli nabýt moudrost nás opět přivádí k severskému Stromu života. Jeho kořeny totiž rostou u Studnice moudrosti, která je původním zdrojem všeho - jednotou z níž vzešel život.

Pentagon a pentagram, vzhledem k jejich propojení s tak zvaným Zlatým řezem, především reprezentují růst a vývoj.

Sopdet (inspirováno Egyptským uměním).

Pentagonální tvary můžeme pozorovat v květech i plodech mnoha stromů. Lze je spatřit ve tvaru okvětních lístků, v jeřabinách, jablkách a hruškách. Když totiž rozřízneme jablko nebo hrušku napříč, odhalíme pentagram tvořený semínky uvnitř.

Třezalkový květ má pentagramový tvar.

Pěticípá hvězda v květech.

Semínka v jablku vytváří pentagram.

Symbol jablka se také pojí ke Stromu života. V řecké mytologii existuje příběh o Zlatých jablkách, která rostla na posvátném stromu, jež byl střežen hadem Ladonem a třemi nymfami Hesperidkami. Tato legendární jablka prý ukrývala elixír nesmrtelnosti a věčného mládí. Mnoho božstev včetně řecké bohyně Afrodity, boha Apollóna či severské bohyně Idunn bylo asociováno s magickými jablky.

Pentagram je také spojován s pěti smysly a pěti základními elementy. Ve starověké Číně byly těmito elementy dřevo, kov, oheň, voda a země. V Japonsku jimi zase byly země, voda, oheň, vítr a nebe. Pro Kelty byl pátý element zásadní, prapůvodní a centrální, tedy duch. Podobně tomu bylo ve starověkém Řecku, kde byl pátý element považován za éter a zobrazoval se jako dvanáctistěn neboli dodekaedr (dvanáctistěn) – třídimenzionální geometrický tvar, který tvoří dvanáct pentagonů.

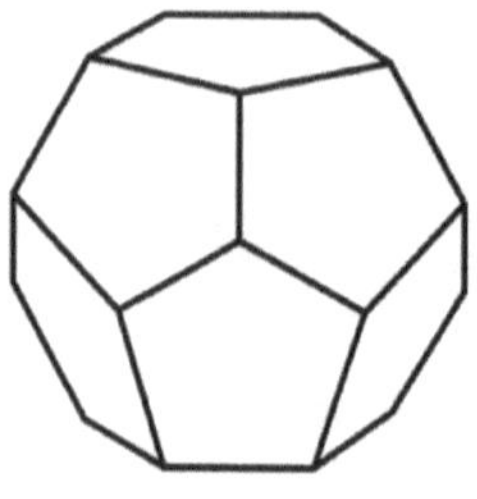

Dodekaedr (dvanáctistěn)

Pythagorejská škola uctívala pentagram a nazývala ho léčivým symbolem. Pro ně byl dokonalým znázorněním božských proporcí a používali ho jako tajné znamení, kterým jeden druhého poznávali.

Pythagorejci, kteří zveřejnili tajemství pentagramu a dodekaedru, byli prý bohy potrestáni utonutím na moři. Jedno z těchto tajemství bylo spojeno s konstrukcí běžného dodekaedru v kouli. Proč měla být tato znalost utajena zůstává záhadou, nejspíše ale ukrývá tajemství iracionálního čísla fí a Zlatého řezu. Pokud se totiž hlouběji zamyslíme nad geometrií pentagramu a jeho souvztažností se Zlatým řezem, pochopíme proč ho tolik starověkých kultur uctívalo.

JAK A KDY S PENTAGONEM A PENTAGRAMEM PRACOVAT

Pokud se tyto mocné symboly opakovaně vrací do vašeho života, jste nejspíš osudem vedeni k plnohodnotnému přijetí vašich přirozených talentů a uskutečnění vašich ambicí.

Tento symbol nás inspiruje k tomu, abychom žili v harmonii s naším vyšším já, jinými slovy s pátým elementem naší osobnosti. Pentagon a pentagram nám připomínají, že stejně jako Zlatý řez, i my máme vrozenou schopnost tvořit to, po čem naše srdce prahne. Prvním krokem je uvědomit si to a posléze se soustředit na naše skutečné tužby. Pentagon a pentagram nás také mohou vést k lepší komunikaci s našimi duchovními průvodci. Mohou jimi být předci, bytosti z našich minulých životů, či božstva k nimiž se cítíme být přitahováni.

Pradávné spojení pentagramu s planetou Venuší a jablky odkazuje na symboliku lásky a kreativity, ale také nás vede k úctě ke kráse a přírodě.

V magii byl pentagram používán již od pradávných dob a tyto tradice se dochovaly až dodnes. Mágové pohanské magie Wicca používají tak zvaný pentakl tedy pentagram uzavřený v kruhu:

Pentagram v kruhu zvaný pentakl.

Je to ochranný amulet, který je také nápomocen během invokačních rituálů. Kruh zajišťuje ochranu našeho prostoru, zatímco pentagram odhání negativitu. Při rituálech většinou dotyčný stojí uprostřed nakresleného pentaklu či si kolem sebe pentakl představí jako ochranný štít. Pomocí vizualizace poté pentagram použije k odbourání veškeré nežádoucí energie a udrží si tím během rituálu duši v bezpečí.

Léčivou energii pentagramu ucítíte, pokud se s ním sladíte tělesně. Možná to zní komplikovaně, ale ve skutečnosti je to velmi snadné. Jen rozpřáhněte ruce a nohy tak, aby vaše tělo vytvořilo pěticípou hvězdu a poté přivítejte jeho energii ve svém těle, mysli, duši i duchu. V této pozici můžete meditovat tak dlouho jak je vám to příjemné. Naslouchejte při tom svým pocitům a myšlenkám, protože pentagram vám může poskytnout důležité vjemy. Tato pentagramová póza vás nabije energií především v době, kdy se cítíte unavení nebo liknaví.

Magické užití pentagramu je vlastně podobné jako u kříže či čtverce. Je tomu tak proto, že všechny hvězdovité symboly v sobě ukrývají sílu pro odbourání negativity a zla.

ODVOZENÉ SYMBOLY

DVOJITÝ PENTAGRAM

Symbol dvojitého pentagramu kombinuje pentagram směřující vzhůru a pentagram směřující dolů. Ten směřující vzhůru reprezentuje nebeská božstva a ten dolů zase pozemská, přírodní božstva. Z těchto důvodů byl obrácený pentagram spojován s podsvětím či peklem a byl zneužit pro negativní účely v černé magii.

Z historie je však patrné, že mnoho starověkých kultur zobrazovalo pentagram obrácený dolů. Bylo tomu tak proto, že energie přírody a naše kořeny byly podstatnými a základními částmi Stromu života. Bez nich by strom nebyl schopen růst a vyvíjet se. Tento obrácený pentagram byl proto spojován s přírodními božstvy jako jsou Cernunnos, Demeter, Faunus, Fauna, Pan či Gaia. Rohatá božstva byla později proměněna na démonické entity s kozí hlavou. Podobně jako Swastika, jež byla původně pozitivním symbolem slunce a životní síly, i obrácený pentagram byl v historii značně zneužit. Moc přírody a její světlé i stinné stránky byly tím pádem špatně interpretovány a znesvěceny.

Obrácený pentagram je užitečný pro ty, kdo jsou dostatečně moudří na to nezahrávat si s nižšími vibracemi a dostatečně vnímaví k tomu, aby rozlišovali démony od přírodních bytostí. Pro takové je obrácený pentagram symbolem přírodních a šamanských sfér.

Splynutí dvou protilehlých pentagramů tedy symbolizuje propojení nadpozemských a pozemských světů. Společně vytváří desíticípou hvězdu a deset se rovná jedné (1+0=1). Proto nás dvojitý pentagram navádí zpátky k počátku stvoření a ke kruhové energii.

SEDMICÍPÁ HVĚZDA

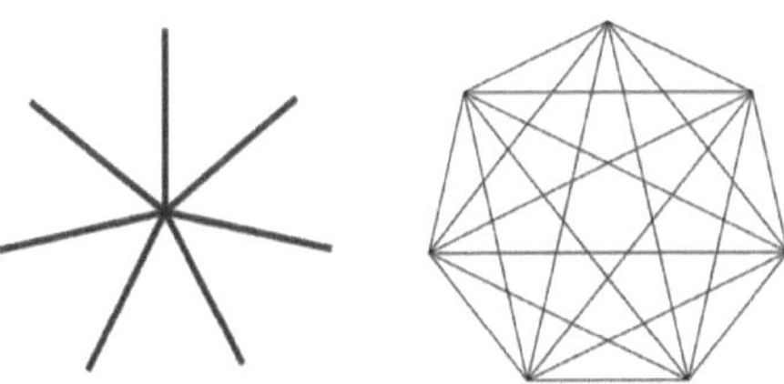

Proč je sedmicípá hvězda odvozená od pentagonu a pentagramu? Především díky totožné asymetrii a Zlatému řezu.

Sedmicípá hvězda se rovná symbolice čísla sedm. Propojuje čtyřku s trojkou a tím pádem fyzický svět s božskou moudrostí.

V průběhu historie byla sedmicípá hvězda spojována se sedmi čakrami či sedmi barvami duhy. V konceptu severského Stromu života sedmicípá hvězda reprezentuje duhový most mezi nebeskými a lidskými světy zvaný Bifrost.

Mnoho starodávných náboženství uznávalo sedm nebeských sfér a sedm vesmírných těles, která jsou viditelná lidskému oku: Měsíc, Slunce, Merkur, Venuše, Mars, Jupiter a Saturn.

Sumerská říše zase rozeznávala sedm zemí a v pradávných indických textech zvaných Brahmanda Purana existovalo tak zvané Vejce světa, jež se rozdělovalo do čtrnácti menších světů – sedm nižších a sedm vyšších. Dle židovského Talmudu je vesmír tvořen sedmi nebi zvanými Vilon, Raiá, Shehaqim, Zebul, Maón, Machon a Araboth, kde se nachází Boží trůn neboli Merkavah. Toto možná souvisí s ideou nebeského vozidla či světelného těla jemuž se říká Merkaba.

Číslo sedm je také spojováno s křesťanstvím. Především se týká sedmi dnů stvoření, sedmi hlavních hříchů, sedmi svátostí, sedmi pečetí ve Zjevení svatého Jana a sedmi archandělů. Faktem je, že sedmicípá hvězda byla často spojována s duchy a božstvy.

Staroegyptská bohyně poznání a psaní, Seshat, byla zobrazována s pentagramy na šatu a sedmicípou hvězdou vyrůstající z tyče nad její hlavou. Akademici se nedokáží shodnout na tom, zda hvězda reprezentovala papyrus, nebo spíše znázorňovala moudrost bohyně a její propojení s jinými božstvy. Seshat se také říkalo Safchit-Abu což v překladu znamená „korunována sedmi rohy." Někteří výzkumníci tvrdí, že Seshat je alternativou bohyně Isis, jíž se také říkalo „ta, která psala jako první." V některých znázorněních vypadá sedmicípá hvězda nad hlavou bohyně Seshat jako osmicípá. Proto se může týkat i symbolismu osmicípé hvězdy.

Bohyně Seshat a bůh Thovt.

Okultista a rádce britské královny Alžběty I. John Dee, používal variaci sedmicípé hvězdy neboli heptagramu ve své tajůplné pečeti zvané Sigillum Dei Aemeth (pečeť živoucího Boha). Tento symbol se skládal z kruhu, sedmiúhelníku, heptagramu a pentagramu. John Dee a okultista Edward Kelley prý tento symbol užívali při invokaci duchů.

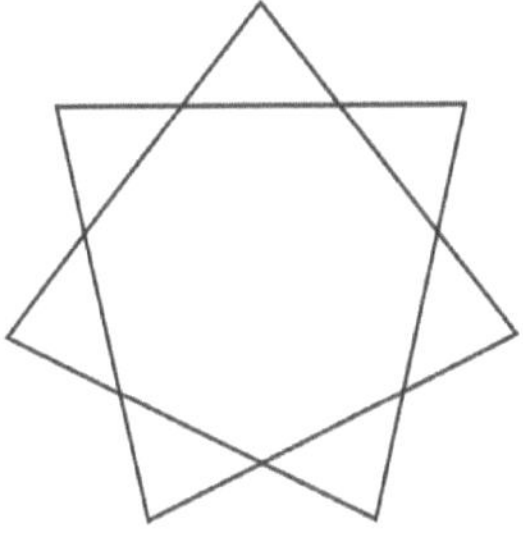

Heptagram, jak byl znázorněn v Sigillum Dei Aemeth.

Wicca a Novopohanství užívá odlišnou variantu heptagramu, která spíše připomíná pentagram. Tento symbol je také znám jako Elfská hvězda či Vílí hvězda.

Zatímco pentagram evokuje lidskou postavu, heptagram spíše postavu okřídlenou. Některé New Age skupiny také heptagram spojují s konstelací Plejád, které se díky jejím sedmi nejvýraznějším hvězdám od pradávna říkalo Sedm sester.

Elfská hvězda

HEXAGON & HEXAGRAM

CO REPREZENTUJÍ

Tak jako mandorla povstala ze splynutí centrálních bodů dvou kruhů stejného poloměru, hexagon a hexagram vzniknou, když přidáme pět dalších kruhů. Tím dostaneme šest kruhů kolem jednoho, což je symbol dokonalé symetrie zvaný Semeno života. Pokud posléze spojíme všechny centrální body rovnými čarami, získáme šesticípou hvězdu připomínající sněhovou vločku a posléze i hexagon, hexagram a jejich trojrozměrnou verzi - krychli.

Semeno života

Semeno života obsahuje šesticípou hvězdu neboli sněhovou vločku
(vlevo) a hexagon i hexagram (vpravo).

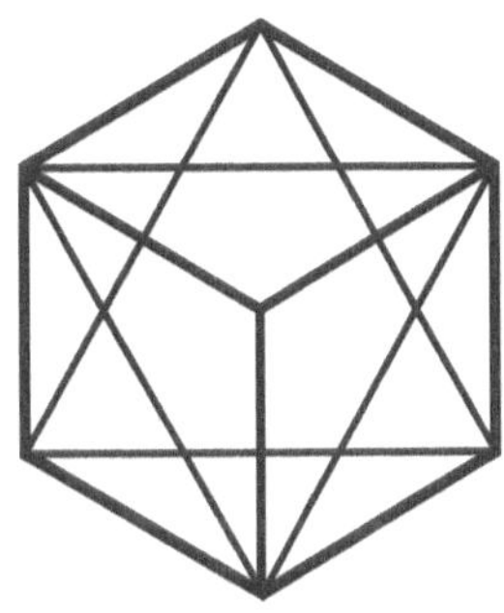

Krychle s hexagramem uvnitř.

Semeno života má sice sedm kruhů, ale vznikají z něj šesticípé obrazce a tělesa. S každým geometrickým tvarem však centrální bod nese potenciál následného čísla. Tak jako kruh nese zárodek duality, mandorla zárodek trojjedinosti, tak i šesticípá hvězda již obsahuje sedmičku.

Podobně jako pentagonální tvary i ty hexagonální existují všude kolem nás i v nás. Jsou vidět v uspořádání atomů, molekul hmoty i krystalických struktur a v magnetické síti zeměkoule, jež se skládá z hexagonálních a pentagonálních tvarů. Je také známo, že šest kruhů nebo koulí vytvoří dokonalou symetrii kolem centrálního kruhu či koule.

A pokud bereme v potaz vědecké objevy z roku 1995, které naznačily, že vnitřek země tvoří gigantický krystal, mystérium hexagonu se jen prohloubí.

Tří dimenzionální verzi Semene života se říká Vejce života a je tomu tak protože tento vzorec můžeme pozorovat v buněčném dělení a buněčné diferenciaci při počátečním vzniku embrya. Není fascinující dojít k uvědomění, že jsme všichni vznikli z kruhu, mandorly, Semene života a Vejce života?

Semeno života a Vejce života.

Buněčné dělení embrya v porovnání se Semenem života.

Pentagon a hexagon jsou také v chemické struktuře DNA. Vodíkové můstky ve stočeném žebříku DNA jsou tvořeny nukleovými bázemi, které se skládají z pentagonálních a hexagonálních tvarů:

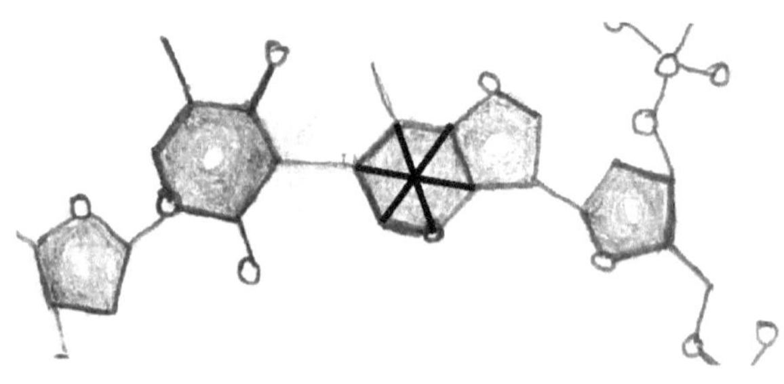

Vztah pentagonu a hexagonu by se dal metaforicky nazvat *nekonečný vzorec*. Zatímco pentagon se rovná asymetrii a Zlatému řezu, tedy nekonečnu, hexagon se zase rovná symetrii a sice vzorci na jehož principu příroda tvoří. Hexagon ale také ukrývá tvary Zlatého řezu, a to tři zlaté obdélníky, hexagram navíc nedokonalý, avšak dobře viditelný pentagram.

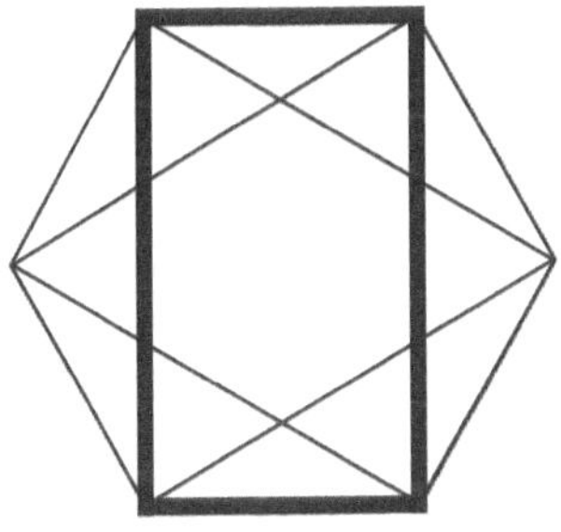

Zlatý obdélník v hexagramu a hexagonu.

Skrytý pentagram v tetraedru.

V magii se spíše než hexagon používá symbol známý jako hexagram. Již od dob krále Šalamouna byl uctíván jako ochranný amulet. Tak zvaná Pečeť krále Šalamouna, pečetní prsten moci, byl dán králi Šalamounovi andělem

Michaelem jako ochrana proti zlým duchům. Někteří historici říkají, že to byl ve skutečnosti pentagram. Ať tomu bylo jakkoliv, hexagram se stal symbolem židovské víry.

Hexagram je ukryt v kabalistickém Stromu života, především v jeho ucelené podobě, kterou získáme, pokud klasický kabalistický Strom života a jeho obrácenou verzi spojíme do jednoho tvaru:

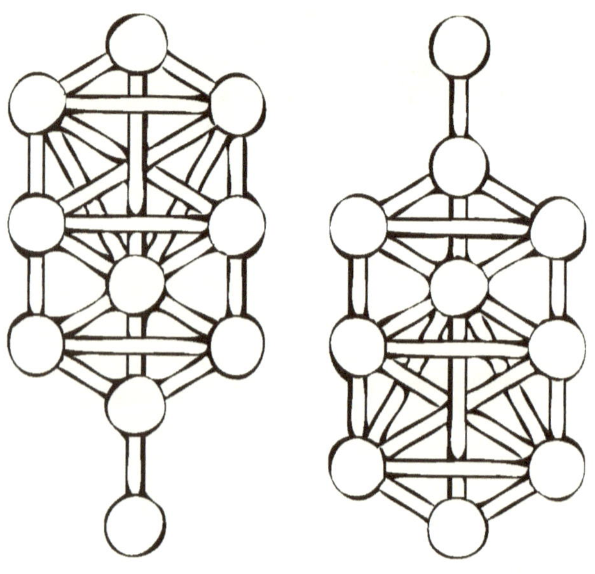

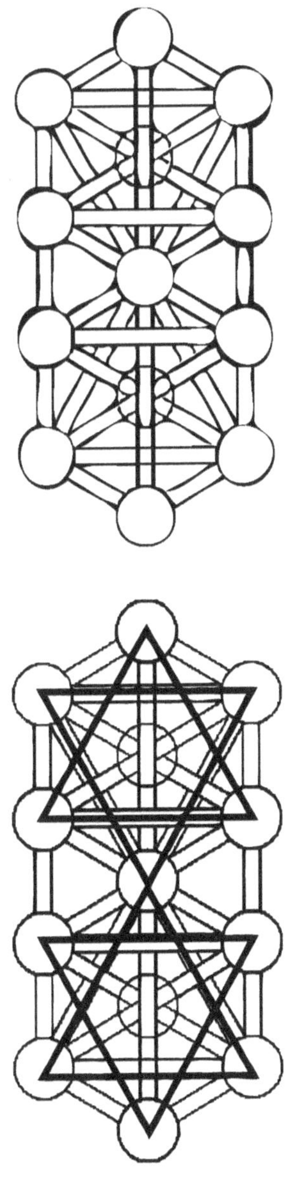

Hexagram je také výchozím tvarem židovské abecedy, jelikož se z něho dají zjednodušeně odvodit všechna hebrejská písmena, což jen zdůrazňuje jeho magickou moc.

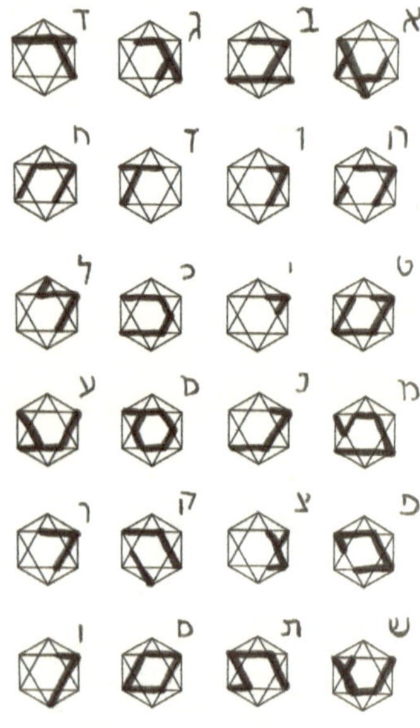

Hebrejská abeceda odvozena z Davidovy hvězdy neboli hexagramu.

Hexagram byl také od pradávna uctíván v Indii, kde symbolizuje srdeční čakru. Tento symbol se nazývá Anahata a znázorňuje spojení boha Shivy a bohyně Shakti v jantře zvané Shaktona (hexagram) uvnitř dvanáctilistého lotosu, který připomíná symbol Květu života (více o něm v odvozených symbolech). Anahata reprezentuje sloučení protikladů, což nás přivádí zpátky k duálnímu principu tohoto symbolu, kde nahoru směřující trojúhelník symbolizuje mužský princip a dolů směřující zase ten ženský.

V magii jsou hexagony používány pro svou mocnou ochrannou energii. Je vskutku fascinující, že vzorec, který je vrozenou součástí základních struktur tohoto světa, v sobě má také moc ochránit všechny bytosti v něm obsažené od negativních vlivů.

A pro zajímavost, mnoho mystiků považuje třídimenzionální verzi hexagramu, dvojitý tetraedr (dvojitý čtyřstěn) za vnitřní jádro tak zvané Merkaby— světelného těla, díky němuž může duše cestovat do jiných dimenzí a časoprostorů.

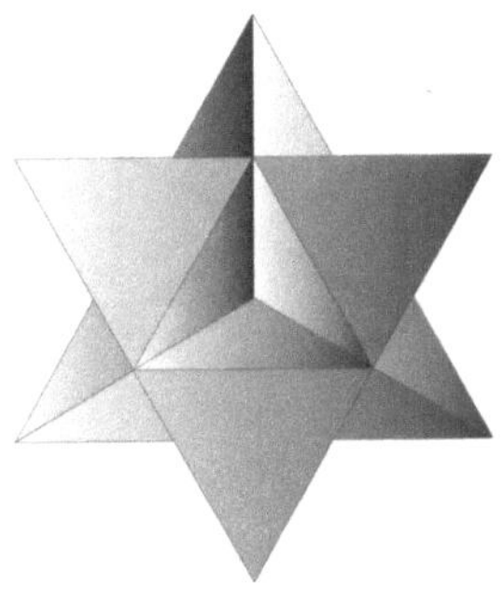

Tetraedr (dvojitý čtyřstěn) je znám také jako Merkaba.

Jin and Jang v Semenu života.

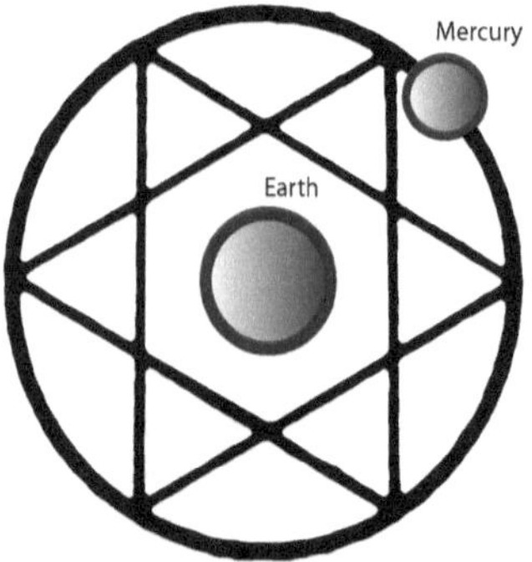

Za jeden pozemský rok Merkur a Slunce vytvoří šest konjunkcí v
zodiaku a z pohledu země tím vytvoří gigantický hexagram. Nejspíš
není náhodou, že řecký bůh Hermés a římský Merkur byli stejně jako
hexagram spojováni s harmonickým splynutím dualit.

JAK A KDY S HEXAGONEM A HEXAGRAMEM PRACOVAT

Časté vídání hexagonálních symbolů či obdiv k nim značí, že jsme vedeni k bližšímu pochopení ducha stvořitele kolem nás a v nás samotných. Tyto tvary nám pomáhají k probuzení vnitřního mága, jenž touží po hlubokých a posvátných vědomostech spíše než po povrchních a běžných informacích.

Hexagonální symboly nás na naší cestě životem vedou k nalezení našeho vlastního alchymisty. Nabádají nás, abychom si tvořili realitu dle našich skutečných tužeb, ale zároveň kráčeli v harmonii s realitami ostatních bytostí tohoto světa. S asistencí hexagonálních symbolů dokážeme harmonizovat naše vnitřní duality a stát se jejich pánem namísto otrokem.

Všehovšudy nás moudrost těchto symbolů navádí k uzemnění v naší vlastní síle a v našich vlastních přirozených obranných schopnostech. S jejich pomocí do našeho prostoru bude povolen vstup jen blahodárným energiím.

Jak již bylo zmíněno, hexagonální symboly nabízí mocnou ochranu. Je dobré s nimi pracovat, když kolem sebe či v sobě cítíme negativní energie. Pokud tyto symboly nabijeme upřímným, pozitivním záměrem, pomohou nám vyhnat negativní bytosti, zlé myšlenky, kletby, ale i naše vlastní stinné aspekty. Ve skutečnosti totiž jejich největší síla spočívá v harmonizaci naší světlé i temné stránky, což nám pomůže stát se sami sobě živoucími ochrannými štíty.

Zatímco s energií kříže či pentagramu se můžeme propojit během meditačních cviků, hexagram je na to příliš komplikovaný. Je tomu tak, protože hexagonální symboly jsou spojovány s duchem spíše než s tělem.

Meditace s hexagonálními symboly, nebo nošení jejich různých variací v podobě talismanů, nám pomůže lépe pochopit jejich energii. Můžeme si také představit hexagonální symbol na srdeční čakře, rozprostřít ho do svého prostoru a vytvořit si tak energetické brnění.

ODVOZENÉ SYMBOLY

SNĚHOVÁ VLOČKA

V severské magii se setkáváme s hexagonálním tvarem v symbolu sněhové vločky. Sněhové vločky přirozeně vytváří šesticípé hvězdy a pradávné severské civilizace je uctívaly v podobě runy Hagalaz, jež je základním tvarem všeho stvoření. Tato runa byla také nazývána ledovým nebo počátečním vejcem, což nás směruje zpátky k mandorle a k již zmíněnému Vejci života.

Runa Hagalaz byla zobrazována dvěma způsoby, ale oba měly tři spojující linky. Ve verzi písmene H jsou propojeny ve tvaru evokujícím část žebříku a verze sněhové vločky zase připomíná řecký kříž nakreslený přes vertikální linku.

Asi nebude náhodou, že žebřík i šesticípé tvary jsou viditelné v chemické struktuře DNA. Kříže nakreslené přes vertikální linku navíc vytváří zjednodušenou verzi symbolu Caduceus, který byl rovněž spojován se symbolem DNA:

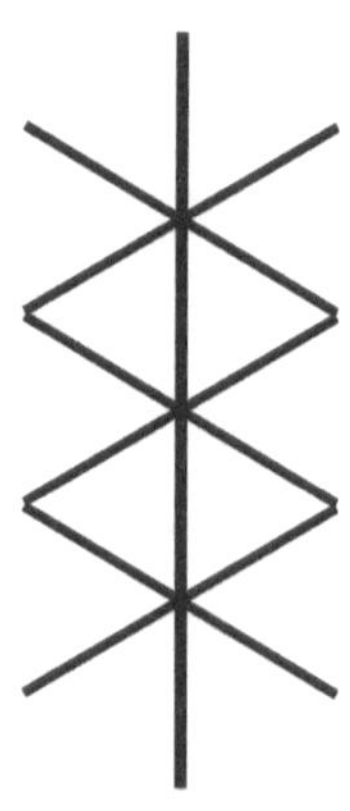

Verze sněhové vločky také reprezentovala Yggdrasil, severský Strom života, na nějž se bůh Odin dle legendy zavěsil vzhůru nohama, aby zřel runy. Zajímavostí je, že sněhová vločka je základním tvarem, z kterého lze odvodit všechna písmena runové abecedy.

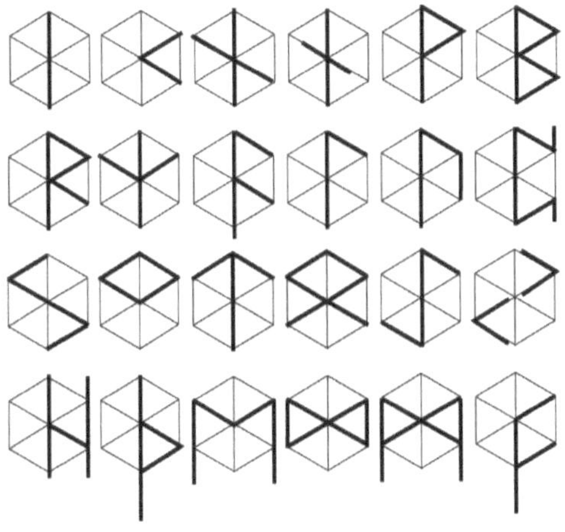

Runy Elder Futhark odvozené z tvaru sněhové vločky.

Symbol sněhové vločky však byl uctíván i jinými pradávnými kulturami. Například slovanský symbol blesku byl též zobrazován jako sněhová vločka, ale s dodatečnými šesti kroužky okolo a jedním uprostřed. Tento symbol byl spojován s bohem blesku Perunem, který je obdobou severského boha Thora. To naznačuje souvislost s archetypálním krupobitím, jež se váže k runě Hagalaz.

Dvě verze runy Hagalaz—sněhová vločka níže.

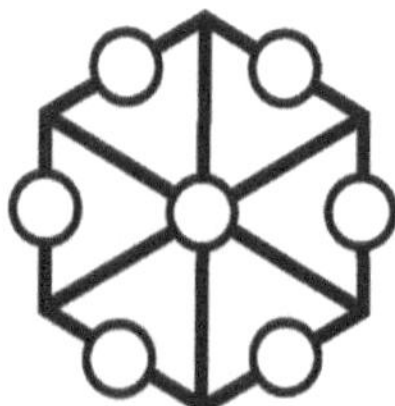

Slovanský symbol hromu obsahuje sněhovou vločku i hexagon.

Sněhové vločky bývají často hexagonální.

KVĚT ŽIVOTA

Pokud narýsujeme dalších dvanáct kruhů stejného poloměru kolem Semena života, výsledkem bude tak zvaný Květ života. Tento krásný vzorec zdobil chrámy od starověku po středověk. Existuje mnoho příkladů včetně Osiridova Chrámu v Abydosu, synagoze v Mesedě nebo Zakázaného Města v Číně.

Květ života by se dal přirovnat ke geometrické studnici stvoření. Když totiž spojíme centrální body všech kruhů v Květu života rovnými linkami, získáme Metatronovu krychli. V symbolu Metatronovy krychle můžeme pozorovat mnoho dalších geometrických tvarů a forem včetně Platónských těles.

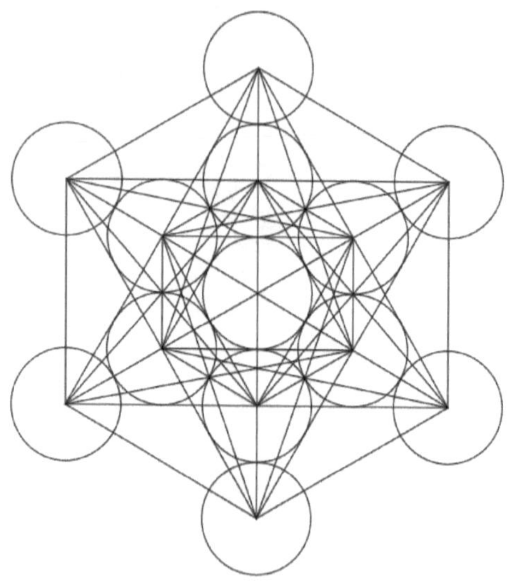

Platónská tělesa nesou jméno význačného řeckého filozofa Platóna, který se ve své práci soustředil na ideu, že celý vesmír byl stvořen na základě pěti geometrických těles a každé z nich reprezentovalo jeden z pěti základních elementů. Tetraedr symbolizoval oheň, krychle zemi, oktaedr vzduch, ikosaedr vodu a dodekaedr pátý element neboli éter/akášu.

Platónská tělesa jsou významná dodnes. Můžeme je pozorovat v biologii, chemii, meteorologii a klimatologii. Dodekaedr je nejvíce mysterióznm tělesem, které je spojováno s vesmírem. Vědci dokonce přišli nedávno s teorií, že vesmír ve skutečnosti vypadá jako dodekaedr.

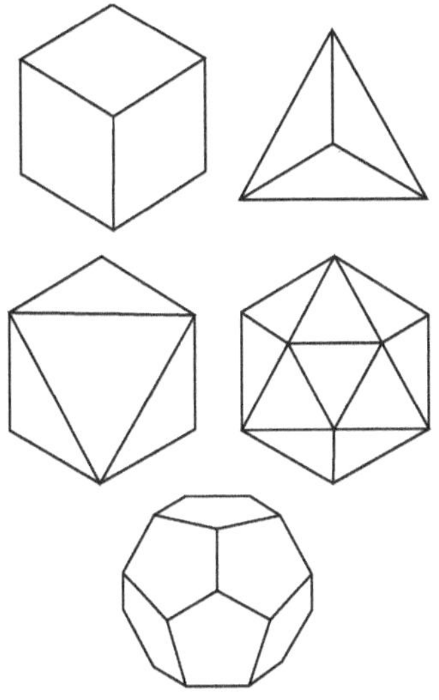

Platónská tělesa

Dvanáct vnějších kruhů Květu života také symbolizuje koloběh roku, roční období a dvanáct znamení zvěrokruhu. Navíc se v záhybech tohoto harmonického, geometrického tvaru ukrývá mnoho jiných magických symbolů: Některými z nich jsou severské runy, několik verzí Stromu života, růžné trojúhelníky, obdélníky, čtverce, kříže, hexagram i pentagram.

Další variantou Květu života byl symbol růže či lotosu, který je obzvláště významný ve východních filozofiích a náboženstvích.

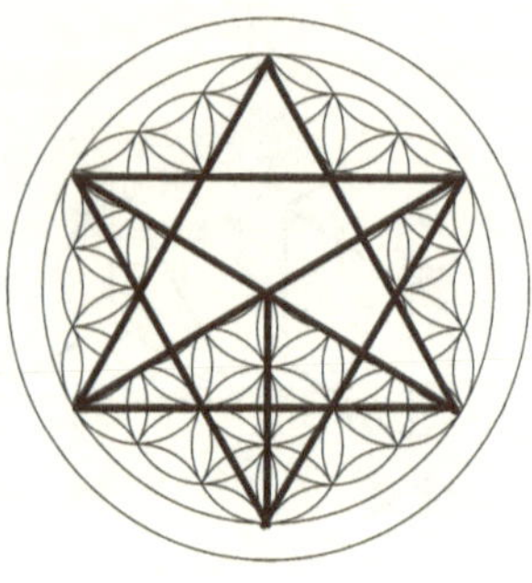

Pentagram v Květu života.

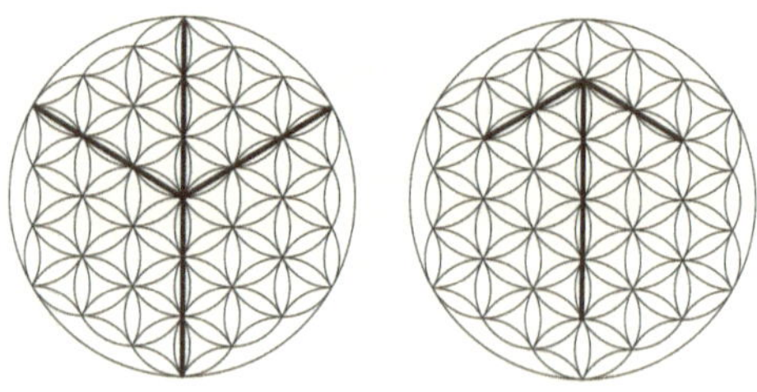

Runy Algiz a Tiwaz. Tyto tvary se v různých starověkých kulturách
používaly jako zobrazení Stromu života.

Hexagon / sněhová vločka / krychle v Květu života.

STROM ŽIVOTA & TORUS

CO REPREZENTUJÍ

Abych vysvětlila souvztažnost mezi torusem a Stromem života, musím se vrátit k tématu první kapitoly a sice ke kruhu.

Vzhledem k tomu, že náš svět je třídimenzionální, dává smysl abychom se zaměřili i na třídimenzionální tvar kruhu jímž je torus. Torus je nejharmoničtějším, sebe obnovujícím a sebe organizujícím třídimenzionálním tvarem. Energie torusu proudí z jednoho konce, cirkuluje okolo středu a vychází druhým koncem zase zpátky. Vědec Arthur M. Young vyzdvihoval důležitost torusu jako primárního tvaru, jímž příroda tvoří život.

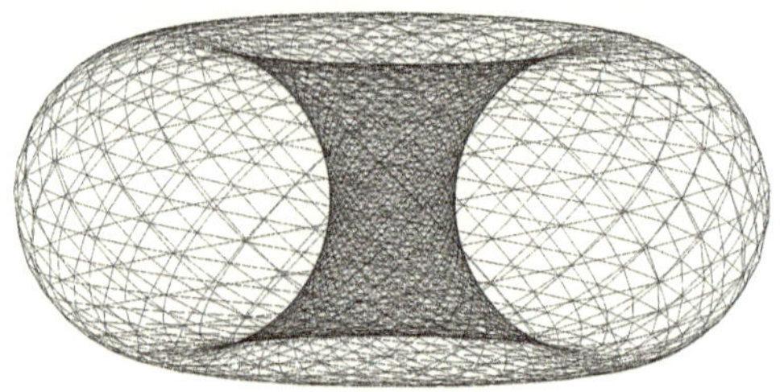

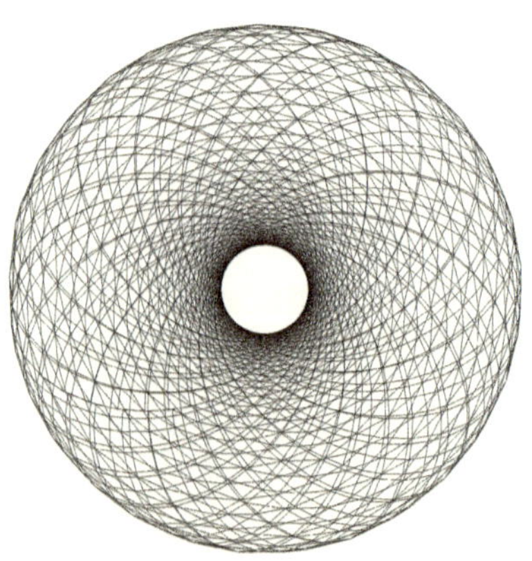

Torus z různých úhlů pohledů.

Torus z výšky v Květu života.

Pohyb torusu je patrný ve vnější části nebeských těles, například v toku plazmatu slunce či v pohybu elektromagnetického pole země. Torus je také zřetelný ve spirálovitém pohybu galaxií a v pohybu vortexů. Hvězdy v galaxiích se pohybují od galaktického disku nahoru a dolů vortexy. Nekonečně plynou v tomto dokonalém elektromagnetickém poli. I naše srdce má své elektromagnetické pole, které vytváří torus. Teorie z roku 1984, kterou rozvinuli Alex Starobinski a Yakov B. Zeldovich tvrdí, že celý vesmír funguje na bázi sebe uspořádávajícího se torusu.

Ale jak se k tomu všemu vztahuje Strom života? Pokud si torus pozorně prohlédneme, zjistíme, že dva vortexy a jejich střed se vlastně podobají stromu. Obzvláště zřetelné je to v pradávném symbolickém zobrazení keltského stromu života, kde se kořeny a větve stromu spojují ve tvaru torusu (viz ilustrace na druhé straně).

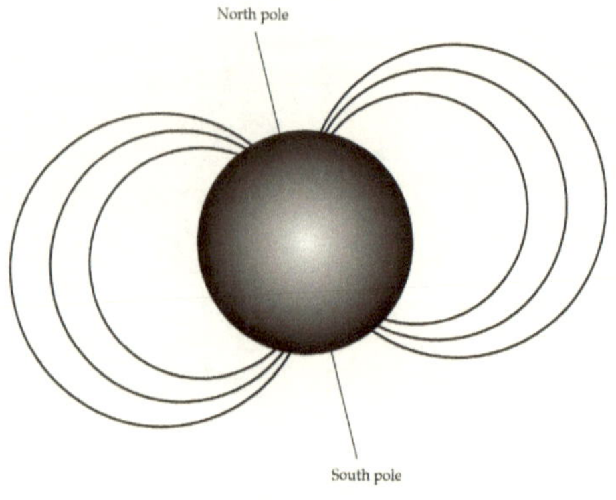

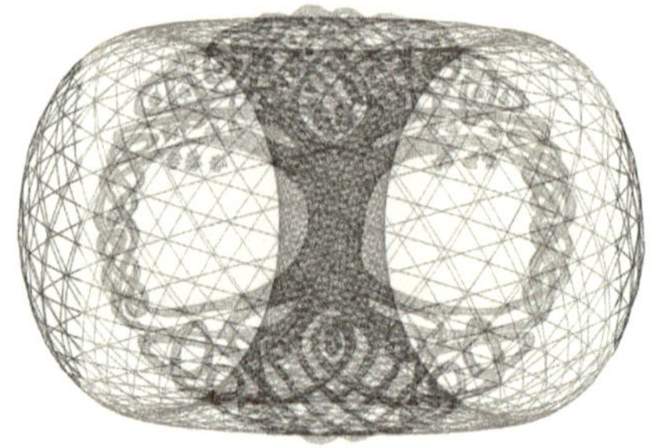

Elektromagnetické pole Země v porovnání s Keltským Stromem života.

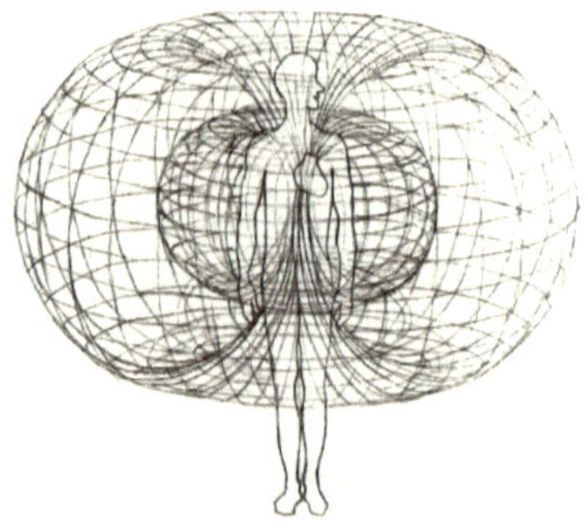

Elektromagnetické pole srdce je toroidního tvaru.

K prohloubení souvislostí mezi Stromem života a torusem je důležité poznamenat, že základní strukturou torusu je kubooktaedr jemuž se také na popud známého vynálezce a futuristy Richarda Buckministera Fullera trefně říká vektor equilibrium:

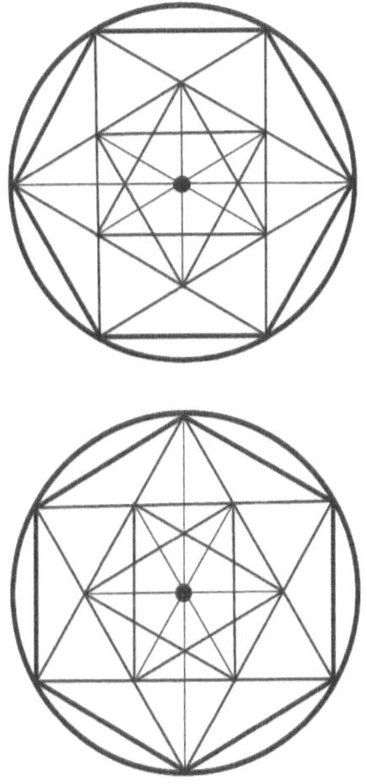

Kubooktaedr (vektor equilibrium) z různých úhlů pohledu.

Jistě jste si všimli, tento dokonale harmonický geometrický tvar obsahuje mnoho zde zmiňovaných útvarů: především trojúhelníky, čtverce, kříže, hexagony a hexagramy, sněhovou vločku neboli šesticípou hvězdu.

Kubooktaedr (vector equilibrium) v Květu života.

Kubooktaedr (vector equilibrium) v keltském Stromu života.

Torus je také úzce spojen s písmenem fí a Zlatým řezem, protože proporce a vývoj torusu jsou zachovávány spirálovitým vortexem, který vytváří Zlatou spirálu.

Nyní už asi začíná dávat smysl, proč předešlé kapitoly často zmiňovaly Strom života a jeho souvztažnost k různým magickým symbolům. Zatímco kruh by mohl být přirovnán k prvotní studnici z níž všechny tvary vzešly, ve Stromu života se znovu propojují. Dalo by se tedy říci, že je symbolem obsahujícím všechny ostatní a reprezentuje tak propletení všeho života. A právě proto ukrývá tajemství našich počátků.

Autor Fred Hageneder zmiňuje ve své knize Dědictví stromů (The Heritage of Trees: History, Culture, and Symbolism, 2001), že Strom života byl znám již od pravěku jako *pilíř okolo něhož se otáčí kolo času a který spojuje světlé i temné, dole i nahoře, a věčně proměnné s věčně neměnným.*

Strom života byl někdy také nazýván axis mundi, Strom světa či Pilíř světa. Pro mnoho pradávných kultur byly stromy branami do jiných světů a cestou k osvícení.

Pro šamany amerických indiánských kmenů jsou stromy vstupy do jiných dimenzí a duše stromů jsou považovány za mocné průvodce a léčitele. Některé stromy poskytují lék, jiné dar jasnozřivosti či spirituálního vedení. Šamani se často rituálně napojují na stromy za zvuku bubnů, jelikož jejich přízemní tóny jim pomáhají propojit se s kořeny země, zatímco jejich vnitřní zrak putuje do jiných světů. Pro ně je strom symbolem propojení všech elementů a živoucích organismů ve velkém mysteriu existence.

V keltských legendách stromy také hrály důležitou roli, a sice jako vstupy do světů elfů, víl a éterických zvířat. Tyto světy byly tak skutečné jako naše a ten kdo prošel jejich branou už se většinou nechtěl vrátit zpátky. Obzvláště uctíván byl dub, ale jasan a bezinka prý rovněž otevíraly brány mezi dimenzemi, a to především za magické Svatojánské noci.

Keltové také spojovali svou abecedu zvanou Ogham se stromy. Každé písmeno Oghamu bylo symbolicky spjato s jedním stromem. Keltský Strom života se zobrazoval s kořeny a větvemi vzájemně spletenými, což znázorňovalo provázanost minulosti a budoucnosti v nekonečné přítomnosti.

Keltský Strom života.

Severské runy jsou podobné keltskému Oghamu, přestože neznázorňovaly jednotlivé stromy, ale spíše různé aspekty Stromu života, Yggdrasilu. Dle středověké severské básně s názvem Poetická Edda, byly runy poprvé představeny lidstvu bohem Odinem. Odin se dle legendy zavěsil vzhůru nohama na majestátní strom Yggdrasil a obdržel runy od tří obryň jimž se říkalo Norny. Každá z run obsahuje svou vlastní magickou sílu a společně fungují jako abeceda.

Mnoho z run, obzvláště Algiz a Tiwaz se zobrazovaly ve starověkém umění po celém světě. Možná byly spojovány se symbolikou Stromu života ze zcela prostého důvodu, protože svým tvarem strom připomínají: Algiz listnatý a Tiwaz jehličnatý.

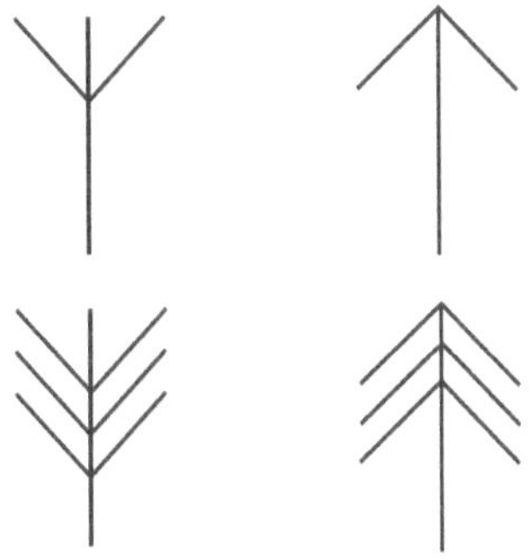

Runy Algiz (vlevo) a Tiwaz (vpravo) - varianty symbolu Stromu života.

Strom života byl často znázorňován s hady a okřídlenými bytostmi. Had pravděpodobně symbolizoval sílu země, uzemnění a regeneraci, ale také vesmírné zákony. Okřídlené bytosti zase nejspíše reprezentovaly svobodu ducha nebo pradávná božstva. Ve spojitosti se Stromem života se také často objevovala brána – symbolický vstup do jiných dimenzí a časoprostorů.

Jedno egyptské přísloví zní: "Nejlepší a nejkratší cestou k poznání pravdy je příroda," a tato filosofie se odráží ve staroegyptském umění. Zobrazování stromů hrálo vskutku velkou roli a mnoho božstev s nimi bylo spojováno, především Seshat, Thoth, Neith, Osiris či Hathor. Ve starověkém Egyptě a Mezopotámii se Strom života objevoval jako šesticípá a osmicípá hvězda, nebo jako žebřík, který byl často doplněn posvátnou branou či kopcem. Objevuje se zde často také kruh a mandorla.

Dvojice s hadem a Stromem života (obrázek z mezopotámského pečetního válečku).

Další zobrazení mezopotámského Stromu života (povšimněte si také symbolů dvojitého trojzubce, měsíce/grálu, mandorly a hexagramu.)

Prastará píseň o původu Sumeru zmiňuje strom, jenž byl příliš posvátný pro zrak smrtelníků. Vyrůstal z centra země u třech pramenů, které vyživovaly půdu. Tímto středem byla také zahrada Edin (Eden). V srdci stromu žil bůh moudrosti a tvůrce lidstva Ea čili Enki. Jméno Enki v domorodém jazyce znamená Pán stromu.

Starodávní Egypťané rovněž uctívali centrální osu světa. Měl z ní vyrůstat obrovský strom a sluneční bůh Ra se ukrýval v jeho větvení. Egyptské hieroglyfy byly stejně jako v případě keltské, severské a hebrejské abecedy také propojeny se Stromem života. Posvátný strom prý dal lidstvu poznání písma a mnoho bohů a bohyň moudrosti a písemnictví měly strom jako jeden ze svých hlavních atributů.

Thoth, Osiris a Seshat u Stromu života.

Vztah mezi božstvy a posvátnými stromy je zřetelný v mnoha starodávných civilizacích. Bohyně Ištar neboli bohyně matka byla často zobrazována jako strom. Stejně tak tomu bylo u Buddhy, který byl vyobrazován jako strom Boddhi pod nímž došel k osvícení. Jméno egyptského boha Osirida znamená "v jednotě se stromem," a bohyně Hathor se zase říkalo "paní posvátného stromu." Bohyně stvořitelka a matka slunečního boha Ra, Neith, byla zase spojována s akátem a s tkalcovským člunkem, jelikož prý utkala svět do existence. Nejstarší hymnický text véd Rgvéda zase popisuje boha Brahmu jako rozlehlý strom vesmíru a ostatní bohy jako jeho větve.

Bohyně Neith a symbol tkalcovského člunku.

V antickém Řecku byly stromy také spojovány s božstvy. Například bohyně Athéna byla často zobrazovaná s olivovníkem, sovou a hady. Bohyně léčení, umění, moudrosti a předení Minerva měla podobné atributy, byly jimi olivový strom, sova, had, pavouci a vřeteno. Mnoho bohyň bylo asociováno se Stromem života a předením, což se zřetelně váže k mnoha příkladům archetypálních žen nacházejících se u Stromu života, které spřádají osud světa (více v kapitole Trojúhelník).

Strom života je také důležitým aspektem židovského mysticismu. Kabalistický Strom života je hlavolamem plným křížení, trojúhelníků a hexagramů. Ukrývá se v něm velké mysterium, je to doslova hádanka. Jak už bylo řečeno v kapitole o hexagonu a hexagramu, pokud ho totiž otočíte vzhůru nohama a propojíte s originální verzí, vzniknou dva na sobě stojící hexagony, hexagramy a jiné verze šesticípé hvězdy:

V židovské tradici je Strom života také symbolizován Menorou, posvátným svícnem se sedmi rameny. To nás vrací zpátky k Semenu života a hexagonu či hexagramu, kde centrální bod je sedmým aspektem šesticípé hvězdy.

Tradice uctívání Stromu života se udrželo až do středověku. Ranné křesťanské kostely byly zdobeny pohanskými postavami Zeleného muže či Zelené ženy, které reprezentovaly moc divoké přírody a lesů. Některé z těchto pohanských tradic se zachovaly i do dnešních dob a sice v podobě vánočního stromečku či shora zmíněné Menory.

Je pochopitelné, proč byly stromy chovány v takové úctě. Nejenže jsou nejstaršími a největšími organizmy na této planetě, ale také od pradávna lidem poskytují potravu, teplo, úkryt a nespočetně mnoho denních potřeb. Proto byly také často zneužity pro moc a manipulaci. Kdo měl moc nad stromy měl moc nad lidským blahobytem a kdo změnil strom na symbol hříchu, získal moc nad lidskou duší.

Mysterium Stromu života je tak obrovské a rozsáhlé jako jeho symbolika. Pro mnohé starověké kultury byl Strom života kompletním vyobrazením země s jejími dimenzemi, pro jiné byl Strom života symbolem samotného vesmíru a spirituálního osvícení. Sjednocující symbolikou je však především propojenost všeho živého.

Skutečný význam Stromu života si asi máme každý individuálně objevit po svém. Pro mě je prototypem života se všemi jeho variacemi, formami a verzemi. Semena mohou být nekonečně zasévána a vytvořit tak nespočetné množství stromů, ale zatímco se vytváří různé planety, dimenze a světy jež byly, jsou a budou, původní Strom života zůstává neměnný. Není náhodou, že pro alchymisty byl i Kámen mudrců ve skutečnosti Strom života, z jehož kořenů se vyživuje vše nahoře a dole, vše uvnitř a venku v harmonickém propojení.

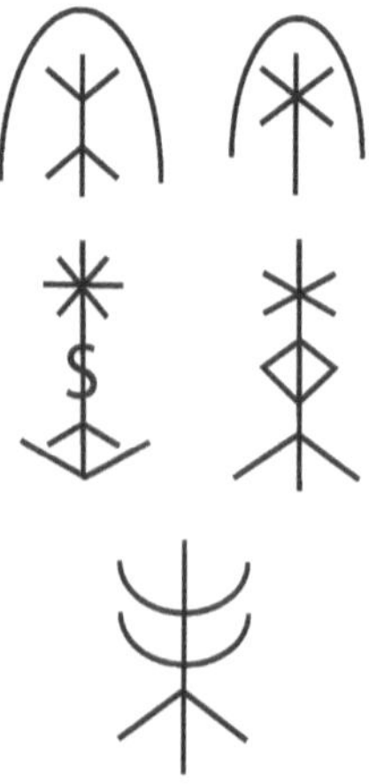

Pradávná vyobrazení Stromu života: Strom života ve starověkém Egyptě (nahoře), Strom života v Mezopotámii (uprostřed) a Strom života ve starověké Číně (dole).

JAK SE STROMEM ŽIVOTA A TORUSEM PRACOVAT

Pokud se cítíte vábeni Stromem života či tvarem torusu, potom jste asi vedeni k nalezení vašeho životního cíle v jeho propletených větvích a kořenech. Možná jste právě na začátku, nebo už po této cestě kráčíte, každopádně vás jeho symbolizmus povzbuzuje k nalezení pravého smyslu existence. Možná vás také navádí k vyladění vašeho DNA a znovuobjevení jeho posvátného potenciálu.

Ti z nás, jež obdivují stromy a přírodu samu o sobě mají silné pouto s touto planetou a jejím osudem. Uvědomují si ekologické problémy a nebojí se měnit svět k lepšímu. Takoví lidé použijí své zapálení, záliby a schopnosti, aby pomohli sobě a následně také svému okolí a této planetě.

Jak jste si možná všimli v kapitolách kříž a čtverec či pentagon a pentagram, lidská postava se vlastně podobá stromu. Je to také dobře viditelné ve větvení našich žil a cév a poukazuje na to i skutečnost, že naše těla jsou tak jako stromy závislá na vodě a světle. Síla stromů je nám přirozeně vlastní, a tak se na ni můžeme celkem snadno napojit.

Nejlepší cestou k tomuto propojení je pokračovat v cestě pradávných druidů, šamanů a božstev jako je Buddha.

Meditovat, procházet se či tančit pod stromy jsou mocné spirituální metody a v divoké přírodě lesů je energie stromů nejmocnější.

Když začneme otevírat svá srdce komunikaci s přírodou, možná se budeme cítit vábeni k určitému stromu. Je však lepší se naladit na jeho vibraci dříve, než od něj budeme žádat nějakou pomoc. Můžeme třeba udělat něco dobrého pro jeho okolí, nebo u něj jednoduše postát a vyslat mu úctu a ocenění. Energie daného stromu se nám spíše otevře, pokud bude náš záměr čistý a upřímný.

Se Stromem života si také můžeme vytvořit silný vztah tím, že budeme meditovat se symboly, které jej reprezentují. Nejblahodárnějším propojením se s jeho mocnou energií je ale žít v harmonii s touto planetou a její přírodou, elementy i cykly.

ODVOZENÉ SYMBOLY

STROM ŽIVOTA A ABECEDY

Mnoho abeced bylo odvozeno od konceptu a filozofie Stromu života, ale nejviditelnější spojitost je vidět u severských run, keltského Oghamu a hebrejského písma. Symbolismus všech těchto písmen by obsáhl celou knihu, tak se zaměřme jen na základní body:

Runa v překladu znamená *tajemství*, *mysterium* nebo *skryté tradice*. Vznik těchto magických písmen není znám, ale nejspíše se vyvinuly z etruské abecedy. První objevené runové písmo se datuje do doby kolem roku 150 po Kristu, je však pravděpodobné, že runy jsou mnohem starší.

Jak již bylo zmíněno v předešlé kapitole, ústředním písmenem je runa Hagalaz jejíž jméno znamená prvotní vejce stvoření, nebo krupobití. Byla také zobrazována jako sněhová vločka, jež symbolizovala Strom života. Každá runa má svůj specifický význam, ale dohromady reprezentují moudrost Yggdrasilu. Nejsou to tedy jen písmena. Jsou to magické symboly, které přesahují psané slovo a poskytují pomoc a duchovní vedení.

Runy byly od pradávna používané k divinaci a když se nám podaří propojit s jejich silou, začnou s námi komunikovat. Pokud některou z run vidíme například při procházce přírodou, dostává se nám skrze její symboliku důležitých informací či vzkazů.

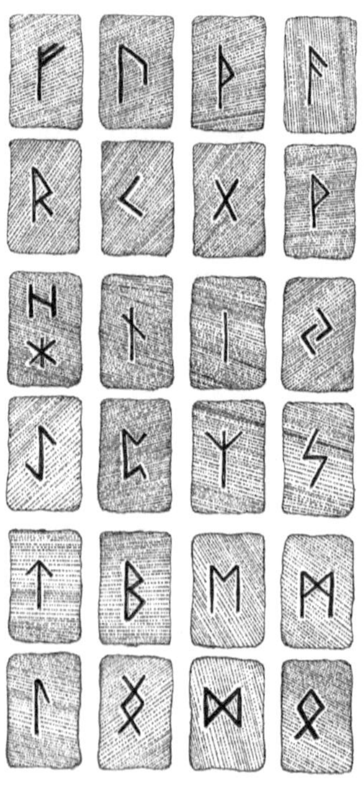

Runy zvané *Elder Futhark*.

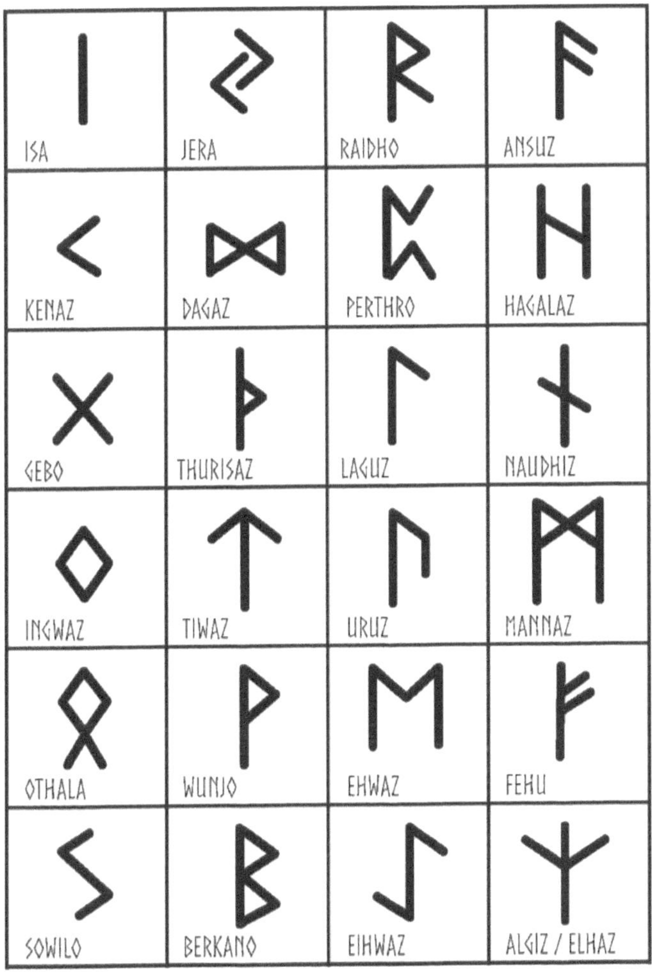

Názvy run *Elder Futhark*.

Nejběžnější verzí run je tak zvaný Elder Futhark, který má dvacet čtyři písmen. Tato písmena se dají odvodit z tvaru sněhové vločky:

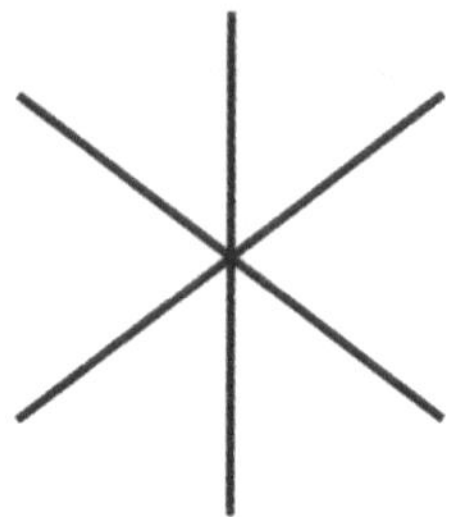

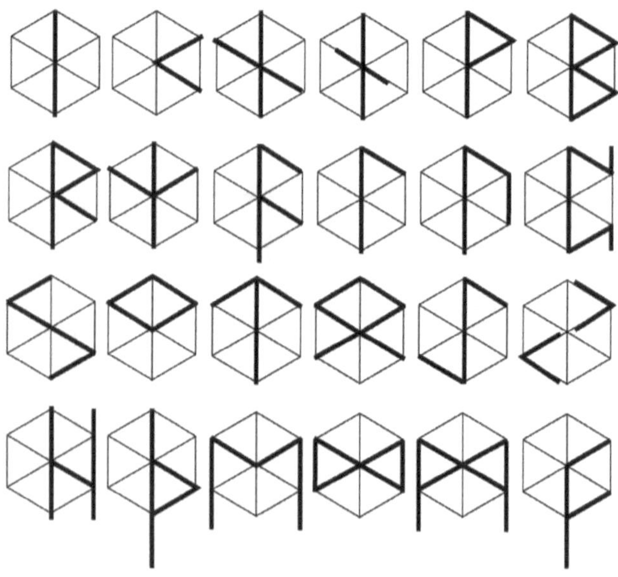

Naproti tomu Ogham přivezli na britské ostrovy migrující keltské kmeny a nejstarší dochované důkazy o existenci tohoto písma se datují do prvního století před Kristem. Jako severské runy i Ogham byl vytesáván do různých vztyčených kamenů a byl užíván především ke spirituálnímu vedení a divinaci.

Další podobnost Oghamu s runami je jejich geometrický základ a tím je křížení. Jedno z písmen Oghamu, tak zvané Koad, také připomíná sněhovou vločku. Je jedním z pěti doplňujících písmen, jimž se říká Forfeda. Přes to, že jejich pravý význam nebyl objasněn, některé z nich reprezentují vřeteno a hada, což se opět váže k celosvětové symbolice Stromu života.

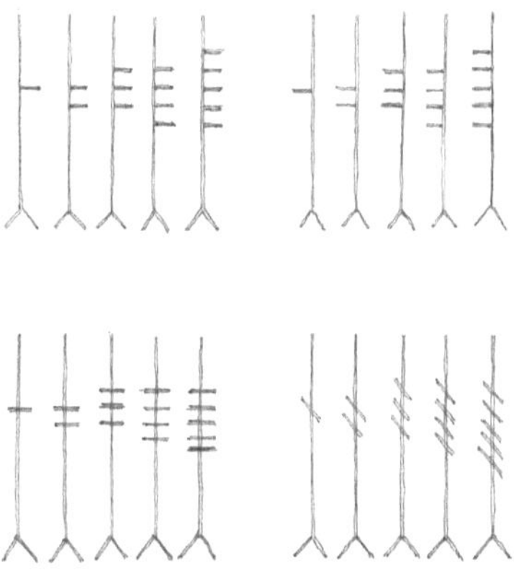

Ogham

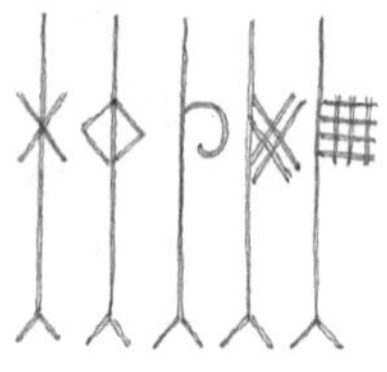

Forfeda

I hebrejská abeceda a jejích dvacet čtyři znaků se vztahuje ke kabalistickému Stromu života a zároveň i k tarotové Velké arkáně. Jak už bylo řečeno v předešlé kapitole, stejně jako severské runy, i tato písmena mohou být odvozena z šesticípé hvězdy, v tomto případě hexagramu neboli Hvězdy Davidovy, která je dodnes důležitým symbolem židovské víry.

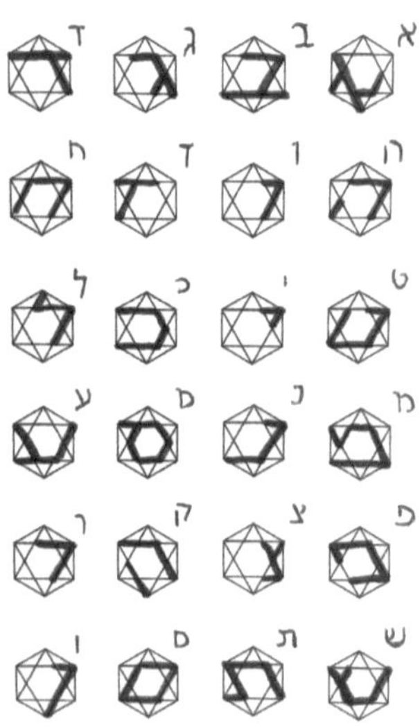

Runy *Elder Futhark* v Květu života.

Různé runy v Květu života.

MAGICKÉ HOLE

V historii magie se objevuje jeden důležitý spojující nástroj a tím je magická hůl. Hole byly zobrazovány v různorodých kulturách jako obyčejné větve, tyče, trojzubce či různě dekorované berle jako je tomu například u šamanských holí.

Magické hole patřily čarodějům, čarodějkám, šamanům a léčitelům. V asociaci s čarodějnicemi se později z holí stalo koště, nejspíš protože bylo potřeba magické pomůcky skrýt za běžný nástroj, nebo to zdůrazňovalo potřebu vyčištění rituálního prostoru. Magické hole každopádně symbolizovaly Strom života společně s jeho ohromnou léčivou a kreativní mocí. Mágové do holí vtahovali stromovou energii a koncentrovali její sílu na určité místo či osobu.

Ve své knize Čarodějnice a pohané vysvětluje autorka Max Dashu mnoho historických případů uznávaných pohanských žen, jejichž těla byla pohřbena společně s jejich holemi. Dashu tyto hole spojuje s přeslicí užívanou severskými Nornami, třemi obryněmi, které spřádají osud světa u kořenů Yggdrasilu. Tyto hole byly často omylem identifikovány jako kuchyňské potřeby, což degradovalo jejich magickou sílu.

V mytologii vídáme hole jako takzvané trojzubce, které byly výrazem moci. Trojzubce byly především vyobrazovány s božstvy moře jako byl Poseidon, Neptun či Aegir, ale je i mnoho příkladů sumerských válečníků s dvojitým trojzubcem.

Zvláštním příkladem magické hole je řecký Caduceus – dva hadi obtočení kolem okřídlené tyče na jejímž vrcholu je koule a někdy borová šiška. Hadi byli někdy zaměňováni za vinnou révu či stuhy jako tomu bylo například u hole boha Dionýsa zvané Thyrsus, jež měla na vrcholu borovou šišku. Většina historiků ji spojuje s falickým symbolem plodnosti, ale vzhledem k souvztažnosti borové šišky a šišinky mozkové, kterou jsem zmínila ve druhé kapitole, bude asi její význam mnohem obsáhlejší.

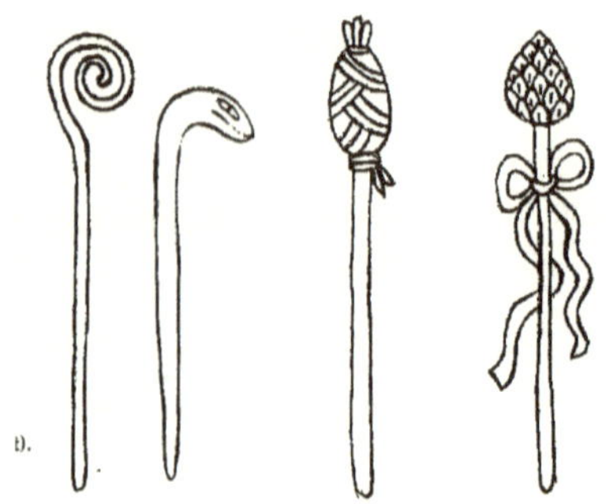

Dva typy etruských holí (vlevo), přeslice (uprostřed) a hůl Thyrsus.

Caduceus propojuje mnoho symbolů, které byly se Stromem života v průběhu historie spojovány – jsou jimi had, okřídlené bytosti a kruh. Není náhodou, že podobnou holí, i když znázorňovanou jen s jedním hadem, byla i Aeskulapova hůl, jež se stala symbolem léčení a lékařů.

Aeskulapova hůl se někdy plete s holí Caduceus (níže).

Pravý význam symbolu Caduceus není znám, ale hadi nejspíše reprezentovali základní dualitu ženského a mužského principu, pravé a levé mozkové hemisféry či DNA. Samotná tyč asi symbolizovala axis mundi nebo Strom života a křídla duchovní svobodu. Koule či borová šiška na jejím vrcholu asi poukazovaly na spirituální osvícení či na šišinku mozkovou zmíněnou v druhé kapitole.

Přestože je Caduceus spojován především s řeckým bohem Hermem nebo egyptským bohem Thovtem, jeho vyobrazování sahá až do kolébky naší civilizace. V sumerském umění byl asociován s hadím bohem vegetace takzvaným Ningishzidem neboli pánem dobrého stromu. Je zde ke spatření dvouhlavý had obtočený kolem tyče, jež je střežena dvěma grify:

Mezopotámský Caduceus střežen grify.

Kuriózní Caduceus je také k vidění v čínském vyobrazení páru napůl lidských a napůl hadích bytostí zvaných Fuxi a Nüwa, kteří dle mýtů stvořili lidstvo a opravili Pilíř nebes (také zvaný axis mundi či Strom života). Zde je zřetelná souvztažnost se známým biblickým příběhem stvoření. Stejně jako biblický Bůh stvořil Adama z hlíny, Fuxi a Nüwa také vytvořili první lidské bytosti z hlíny a tu poté naplnili duchem.

Bůh Fuxi a bohyně Nüwa připomínají Caduceus.

Symbolizmus Caducea je patrný i v hinduistickém systému čaker a probouzení energie Kundalini. V sanskrtu Kundalini znamená had a reprezentuje ohnivou zemskou energii bohyně ukrytou u kořene lidské páteře. Když energie vystoupá všemi energetickými centry těla zvanými čakry, dojde k probuzení Kundalini a k osvícení. Kundalini byla zobrazována jako jeden či dva hadi obtočení kolem páteře a stoupající vzhůru ke korunní čakře.

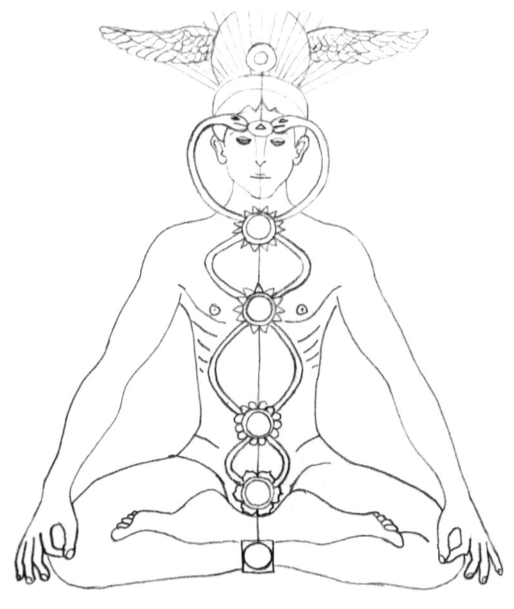

Kundalini je často zobrazována v podobě Caducea.

Sjednocujícím významem holí jako symbolů Stromu života je léčení a znovunabytí našich magických schopností. Starodávné magické hole nejspíše reprezentovaly moudrost a znalost Stromu života, protože poznání jeho podstaty a pevné zakořenění v jeho nesmírnosti se rovnalo magické moci, která se skrývá v každém z nás.

Merkur a jeho Caduceus.

Přadlena či čarodějnice? (Inspirováno kresbou Albrechta Dürera).

Fénické vyobrazení podobající se holi Caduceus.

BIBLIOGRAFIE

Campbell, Joseph, *Myths to Live By*, Penguin Books, Australia,1993

Campbell, Joseph, *The Power of Myth*, Anchor, New York, 1991

Capra, Fritjof, *The Tao of Physics*, Wildwood House, Great Britain, 1975

Dashú, Max, *Witches and Pagans: Women in European Folk Religion*, Veleda Press, Richmond CA, 2016

Hageneder, Fred, *The Heritage of Trees: History, Culture and Symbolism*, Floris Books, Edinburgh, Scotland, 2001

Hope, Murray, *The Sirius Connection*, Murry Hope, 1996

Melchizedek, Drunvalo, *The Ancient Secret of the Flower of Life*, Light Technology Publishing, Flagstaff AZ, 1999

Melchizedek, Drunvalo, *Living in the Heart*, Light Technology Publishing, Flagstaff AZ, 2003

Monaghan, Patricia, *Encyclopedia of Celtic Mythology and Folklore*, Facts on File, New York NY, 2004

Papus, *La Cabbale*, Paris, France, 1903

Thorsson, Edred, *Futhark:A Handbook of Rune Magic*, Red Wheel/Weiser LLC, York Beach ME, 1984

Thorsson, Edred, *Runelore: The Magic, History and Hidden Codes of the Runes*, Red Wheel, San Francisco CA, 1987